अहमद फ़राज़

आज के उर्दू शायरों में अहमद फ़राज़ एक बहुत महत्त्वपूर्ण नाम है। पाकिस्तानी होते हुए भी वे सारी दुनिया के शायर थे और भारत में तो उन्हें विशेष प्यार और इज़्ज़त हासिल था।

अहमद फ़राज़ की शोहरत ने अब अपने गिर्द एक ऐसा प्रभामंडल पैदा कर लिया है जिसमें उनके एक इंकलाबी रूमानी शायर की छवि चस्पां है। अपने मुल्क में उन्होंने जेलें भी काटीं। उनकी शायरी उस तमांम पीड़ा का प्रतीक है जिससे एक सोचने वाले शायर को गुज़रना पड़ता है। उनकी कही हुई बात जिसने सुनी, उसे उसी की दास्तां मालूम हुई। मजरूह सुलतानपुरी के शब्दों में—"फ़राज़ अपने वतन के मज़लूमों के साथी हैं। उन्हीं की तरह तड़पते हैं मगर रोते नहीं, बल्कि उन ज़ंजीरों को तोड़ते नज़र आते हैं जो उनके समाज को जकड़े हुए हैं।"

तो हाज़िर है उनके समूचे कलाम से चुने हुए शे'र, नज़्में और ग़ज़लें—जो आपके ज़हन से कभी नहीं निकलेंगी। साथ ही सुप्रसिद्ध कवि-सम्पादक कन्हैयालाल नंदन का लिखा उनका जीवन-परिचय।

आज के प्रसिद्ध शायर

अहमद फ़राज़

चुनी हुई नज़्में, ग़ज़लें, शे'र और जीवन-परिचय

संपादक
कन्हैयालाल नंदन

राजपाल

स्थापित 1912
100 वर्षों की
श्रेष्ठ प्रकाशन परम्परा
राजपाल

₹ 250

ISBN : 9788170283874

AAJ KE PRASIDDH SHAYAR : AHMED FARAZ

(Life-Sketch and Poetry)

Edited by Kanhaiyalal Nandan

मुद्रक : शिव शक्ति प्रिंटर्स, दिल्ली

राजपाल एण्ड सन्ज़

1590, मदरसा रोड, कश्मीरी गेट, दिल्ली–110006

फोन : 011–23869812, 23865483, 23867791

e-mail : sales@rajpalpublishing.com

www.rajpalpublishing.com

www.facebook.com/rajpalandsons

अहमद फ़राज़ : एशिया की एक ख़्वाबपरस्त आवाज़

जब बात उर्दू ग़ज़ल की परम्परा की हो रही होती है तो हमें मीर तक़ी मीर, ग़ालिब, मोमिन, दाग़, हसरत, यगाना, फ़ानी, जिगर, असग़र और नासिर काज़मी आदि की चर्चा ज़रूर करनी होती है। मगर बीसवीं शताब्दी में ग़ज़ल की चर्चा हो और विशेष रूप से 1947 के बाद की उर्दू ग़ज़ल का ज़िक्र हो तो उसके गेसू सँवारने वालों में जो नाम लिए जाएँगे उनमें अहमद फ़राज़ का नाम कई पहलुओं से महत्त्वपूर्ण है।

अहमद 'फ़राज़' ग़ज़ल के ऐसे शायर हैं जिन्होंने ग़ज़ल को जनता में लोकप्रिय बनाने का क़ाबिले-तारीफ़ काम किया। ग़ज़ल यों तो अपने कई सौ सालों के इतिहास में अधिकतर जनता में रुचि का माध्यम बनी रही है, मगर अहमद फ़राज़ तक आते-आते उर्दू ग़ज़ल ने बहुत से उतार-चढ़ाव देखे और जब फ़राज़ अपने कलाम के साथ सामने आए, तो लोगों की उनसे उम्मीदें बढ़ीं। ख़ुशी यह कि 'फ़राज़' ने मायूस नहीं किया। अपनी विशेष शैली और शब्दावली के साँचे में ढाल कर जो ग़ज़ल उन्होंने पेश की वह जनता की धड़कन बन गई और ज़माने का हाल बताने के लिए आईना बन गई। मुशायरों में अपने कलाम और अपने संग्रहों के माध्यम से अहमद फ़राज़ ने कम समय में वह ख्याति अर्जित कर ली जो बहुत कम शायरों को नसीब होती है। बल्कि अगर मैं ये कहूँ तो गलत न होगा कि इक़बाल के बाद पूरी बीसवीं शताब्दी में केवल फ़ैज़ और फ़िराक़ का नाम आता है जिन्हें शोहरत की बुलन्दियाँ नसीब रहीं, बाकी कोई शायर अहमद फ़राज़ जैसी शोहरत हासिल करने में कामयाब नहीं हो पाया। उनकी शायरी जितनी ख़ूबसूरत है, उनके व्यक्तित्व का रखरखाव उससे कम ख़ूबसूरत नहीं रहा।

अहमद फ़राज़ का जन्म पाकिस्तान के सरहदी इलाके में हुआ। उनके वालिद (पिता) एक मामूली शिक्षक थे। वे अहमद फ़राज़ को प्यार तो बहुत करते थे लेकिन यह मुमकिन नहीं था कि उनकी हर ज़िद वे पूरी कर पाते। बचपन का वाक़या है

कि एक बार अहमद फ़राज़ के पिता कुछ कपड़े लाए। कपड़े अहमद फ़राज़ को पसन्द नहीं आए। उन्होंने ख़ूब शोर मचाया कि 'हम कम्बल के बने कपड़े नहीं पहनेंगे'। बात यहाँ तक बढ़ी कि 'फ़राज़' घर छोड़कर फ़रार हो गए। वह फ़रारी तबियत में जज़्ब हो गई। आज तक अहमद फ़राज़ फ़रारी जी रहे हैं। कभी लन्दन, कभी न्यूयार्क, कभी रियाद तो कभी मुम्बई और हैदराबाद।

मेरी उनसे पहली यादगार मुलाकात ऐसी ही एक फ़रारी के दरमियान बग़दाद में हुई थी। पश्चिम एशिया के अरबी बोलने वाले मुल्कों में एक काव्योत्सव (जश्ने शायराँ) बहुत मशहूर है—अल मरबिद पोयट्री फेस्टिवल। उसमें तमाम मुल्कों से अलग-अलग ज़बानों के मशहूर शायर भाग लेने के लिए आमन्त्रित किए जाते हैं। उसी महोत्सव में भाग लेने के लिए पाकिस्तान से उर्दू की नुमाइन्दगी करने आए थे जनाब अहमद फ़राज़। फ़रारी का आलम यह था कि वहाँ आने के वक़्त भी पाकिस्तान से नहीं आए थे, लन्दन से सीधे बग़दाद तशरीफ़ लाए थे। हिन्दुस्तान से उर्दू की नुमाइन्दगी करने के लिए भेजे गए थे जनाब रिफ़त सरोश और हिन्दी के कवि के रूप में मैं था, सो बग़दाद पहुँचा। यह वह समय था जब इराक़ की लड़ाई ईरान से चल रही थी और ख़ूब घमासान चल रही थी। लेकिन इराक़ की राजधानी बग़दाद की ज़िन्दगी का कोई भी कोना यह बताने को तैयार नहीं था कि बग़दाद पर ईरान के साथ चल रहे युद्ध का कोई दबाव है। ज़िन्दगी अपने ज़ोर से बग़दाद में धड़क रही थी। यह पोयट्री फेस्टिवल उसका जीता-जागता उदाहरण था। तमाम मुल्कों के शायर बग़दाद में मौजूद थे।

इराक़ी हुकूमत को लगा कि यह बढ़िया अवसर है दुनिया भर के कवियों और शायरों को 'ईरान के द्वारा की गई विध्वंसात्मक ज़्यादतियों' के दिखाने का। सो उन्होंने काव्योत्सव के उद्घाटन के एक दिन पहले युद्ध के मोर्चे पर ले जाने के लिए एक बस का इन्तज़ाम किया और सभी को एक-एक यूनिफॉर्म पकड़ाना शुरू कर दिया। सबब यह बताया गया कि युद्ध के मोर्चे पर जा रहे हैं तो युद्ध की पोशाक ही होनी चाहिए। सुरक्षा की दृष्टि से यह ज़रूरी है। तमाम मुल्कों के शायर पोशाक का पुलिन्दा लेकर बस में जा बैठे। जब मेरा नम्बर आया तो मैं अड़ गया। एक इंचार्ज इराक़ी कमाण्डर मुझे समझाने आया तो मैंने उसे समझाना शुरू कर दिया और बताया कि मैं बसरा से एक बार उस सारे इलाक़े को देखने एक पत्रकार के रूप में सादे लिबास में जा चुका हूँ। दुबारा अगर आप उस इलाक़े में ले ही जाना चाहते हैं तो मैं जैसा हूँ, भारतीय, वैसा ही चलूँगा। आपकी सैनिक वर्दी पहनकर हर्गिज़ नहीं जाऊँगा। कभी अगर सैनिक वर्दी पहनने का अवसर आया भी तो अपने देश के लिए पहनूँगा, इराक़ या ईरान के लिए नहीं।

अफसर ज़रा तन्नाया लेकिन कर कुछ न पाया। उसने तुरुप चाल चली कि अगर मोर्चे पर आपको कुछ हो गया, गोली ही लग गई तो?

'तो मैं, ज़ाहिर है कि मर जाऊँगा। लेकिन मरूँगा तो भारतीय। आपकी सैनिक वर्दी में अगर मरा तो मेरी पहचान भी सही न हो सकेगी,' मैंने कहा।

मेरे साथ रिफ़त सरोश साहब भी अड़ गए। और लोग भी मेरी इस दलील में शामिल न हो जाएँ, इस डर से वर्दी न लेने वाले लोगों को साथ न ले जाना मुनासिब पाया गया और मैं वापस रिफ़त साहब के साथ होटल लौट आया। लॉबी में देखता हूँ कि फ़राज़ साहब पहले से ही कुछ चाहने वालों के साथ बैठे हैं। उन्होंने ही टोका : 'तो आप लोग भी नहीं गए?'

'जी नहीं! हमें उनकी वर्दी पहनना गवारा नहीं था।' मैंने कहा।

'निहायत अहमक़ाना ज़िद थी। मैं भी इसी कारण वापस आ गया।' फ़राज़ साहब ने कहा।

मैंने उसी सुर में सुर मिलाकर कहा कि इतने लम्बे-तगड़े पठानी बदन पर कोई इराक़ी वर्दी फिट भी तो नहीं आ सकती थी, फ़राज़ साहब। इतने ख़ूबसूरत बदन के सामने वर्दी को खुदकुशी करनी पड़ती। और फिर मैंने फ़राज़ साहब की ही ग़ज़ल का एक शेर उन्हें नज़र किया :

जिसको देखो वही ज़ंजीर-ब-पा लगता है।
शहर का शहर हुआ दाखिले-ज़िन्दाँ जानाँ!

फ़राज़ साहब अपने पठान बदन से पठानी हँसी हम पर फेंक अपने साथ बैठे चाहने वालों में खो गए और हम अपने कमरों की तरफ़ बढ़ गए।

फिर पूरे फेस्टिवल में फ़राज़ साहब की कुरबत (नज़दीक़ी) हमें हासिल रही।

उसके बाद अगली मुलाक़ात हुई हैदराबाद के एक मुशायरे में। मुशायरे से पहले एक छोटा-सा समारोह बाहर से आए शायरों और कवियों के सम्मान में रखा गया था, जहाँ एक हैदराबादी गायक ने फ़राज़ साहब की शान में उन्हीं की ग़ज़ल 'रंजिश ही सही' बहुत ही ख़ूबसूरत तरीक़े से उनके सामने पेश की। शाम को मुशायरे में फ़राज़ साहब मेहमाने-ख़सूसी थे। हिन्दी के कवियों में श्री गोपालदास 'नीरज' और मैं, सिर्फ़ दो लोग थे। मेरी कविता 'घोषणापत्र' फ़राज़ साहब ने इतने गौर से सुनी कि उनके इसरार पर मुझे उसके कुछ महत्त्वपूर्ण अंश दुबारा पढ़ने पड़े।

इसके बाद फ़राज़ साहब जब भी दिल्ली आए, मैं कहीं-न-कहीं उनसे मिलने ज़रूर गया। उनकी कुछ ग़ज़लों पर कत्थक की मशहूर नर्तकी सुश्री पुष्पा डोगरा ने अपने नृत्य से भावों की ऐसी ख़ूबसूरत अदायगी की थी कि स्वयं फ़राज़ साहब नृत्य और शायरी के संगम पर बाग-बाग हो गए थे। दुर्भाग्य से वह हसीन नर्तकी अपने युवाकाल में ही जन्नतनशीं हो गई, लेकिन उसकी यादें फ़राज़ साहब को भुलाए नहीं भूलेंगी।

पिछले साल सार्क सम्मेलन में उसकी कार्यकारिणी के सदस्य के नाते फ़राज़ साहब के साथ कुछ अच्छा वक़्त गुज़रा, जहाँ उनके ताज़ा कलाम को सुनने का भी अवसर मिला। अहमद फ़राज़ अच्छी शक्ल-सूरत वाले एक सजे-धजे व्यक्तित्व के मालिक तो हैं ही, उनकी शायरी उनके ख़यालात की बुलन्दी से व्यक्तित्व के साथ जुड़कर और ख़ूबसूरत लगने लगती है। यह अलग बात है कि अहमद फ़राज़ की शायरी पर बहुत से आलोचक कई दूसरे शायरों के प्रभाव खोजने लगते हैं और यह कहते हैं कि फ़राज़ का शेर पढ़ने और लिखने का अन्दाज़ विख्यात प्रगतिशील शायर फ़ैज़ अहमद 'फ़ैज़' जैसा है। सच यह है कि शायरी की सोच और शायरी में रंगीनी के सवाल पर हमें अहमद फ़राज़ के यहाँ 'दाग़ देहलवी' और अब्दुल हमीद 'अदम' का रंग मिलता है। लेकिन फ़राज़ ने इन कवियों की रिवायत को बीसवीं सदी में ज़िन्दा करने का काम भी किया है। उस रंग में उन्होंने न केवल रचनाएँ रचीं, बल्कि अपने हसीन और सीधे-सादे अन्दाज़ से अपने पाठकों एवं श्रोताओं को, खासकर नौजवानों को ख़ूब प्रभावित किया।

अहमद फ़राज़ की शायरी के आलोचकों का यह भी मानना है कि अहमद फ़राज़ की शायरी की शोहरत आम होने की वजह उनकी शायरी की बाहरी सजावट और अहमद फ़राज़ का अपना सजीला व्यक्तित्व है। लेकिन मेरे जैसे पाठक को इससे कोई फ़र्क नहीं पड़ता कि उनकी शोहरत में उनके व्यक्तित्व का कितना हाथ है, क्योंकि मैं मानता हूँ कि शायरी की दुनिया में बाहरी चमक-दमक अधिक समय तक नहीं टिकती, जबकि अहमद फ़राज़ की शायरी दशकों बाद आज भी अपनी महत्ता बरक़रार रखे हुए है। यह सही हो सकता है कि अहमद फ़राज़ को ख्याति मुशायरों से मिली, पर मुशायरों में छाए रहने वाले कितने ही शायर अपनी लहक और चमक खोने के बाद अतीत का हिस्सा बन गए हैं, जबकि अहमद फ़राज़ का पहले से ज़्यादा आज मौजूद होना उनकी शायरी के दमख़म का पता देता है।

अहमद फ़राज़ की शोहरत ने अब अपने गिर्द एक ऐसा प्रभामण्डल पैदा कर लिया है जिसमें उनकी साम्राज्यवाद और नाज़ीवाद से जूझने वाले एक क्रान्तिकारी रूमानी शायर की छवि चस्पाँ है। फ़राज़ का अपना निजी जीवन भी इस प्रभामण्डल के बनाने में एक कारण रहा है, उन्होंने अपनी उम्र का एक बड़ा हिस्सा पाकिस्तान से बाहर गुज़ारा है और वे एक जिलावतन (देशनिकाला) शायर के रूप में पहचाने और सराहे गए हैं। इसके अक्स उनकी शायरी में जगह-जगह हैं। उसमें देश से दूर रहने, देश के लिए तड़पने का एहसास, हिजरत की पीड़ा और हिजरत करने वालों का दर्द जगह-जगह मिलता है। बखूबी हम इसे अहमद फ़राज़ की शायरी के विभिन्न रंगों का एक ख़ास रंग कह सकते हैं।

हिजरत यानी देश से दूर रहने की पीड़ा और अपने देश की यादें अपनी विशेष शैली और शब्दावली के साथ उनके यहाँ मिलती हैं। कुछ शेर देखें :

वो पास नहीं अहसास तो है, इक याद तो है, इक आस तो है
दरिया-ए-जुदाई में देखो तिनके का सहारा कैसा है।

मुल्कों मुल्कों घूमे हैं बहुत, जागे हैं बहुत, रोये हैं बहुत
अब तुमको बताएँ क्या यारो दुनिया का नज़ारा कैसा है।

ऐ देश से आने वाले मगर तुमने तो न इतना भी पूछा
वो कवि कि जिसे बनवास मिला वो दर्द का मारा कैसा है।

ये अशआर इस दौर से गुज़रने वाले इन्सान के दिल के तारों को झिंझोड़ते हैं। यही नहीं, कुछ और अशआर क़ाबिले ग़ौर हैं :

एक मुद्दत हुई लैला-ए-वतन से बिछड़े
अब भी रिसते हैं मगर ज़ख़्म पुराने मेरे

जब से सर सर मेरे गुलशन में चली है तब से
बर्गे आवारा की मानिन्द ठिकाने मेरे

•

मिल जाए जो गुर्बत में फ़राज़ अब वही हमदम
हो जाए जहाँ शाम, वहीं रैन बसेरा।

•

अकेलेपन की अज़ीयत का अब गिला कैसा
फ़राज़ खुद ही तो अपनों से हो गए थे अलग

•

और तेरे शहर से जब रख़्ते सफ़र बाँध लिया
दरो-दीवार पै हसरत की नज़र क्या करते
चाँद कजलाई हुई शाम की दहलीज़ पे था
उस घड़ी भी तेरे मजबूरे-सफर क्या करते
... ...
दिल ठहर जाने को कहता था मगर क्या करते।

वतन से दूरी में अपनों की मुहब्बत और उनसे बिछड़ जाने का ग़म अहमद फ़राज़ का पसन्दीदा विषय है।

उनकी मशहूर ग़ज़ल 'रंजिश ही सही', जिसका ज़िक्र मैं सुश्री पुष्पा डोगरा

के हवाले से ऊपर कर चुका हूँ, उसी ग़म को आवाज़ देने वाली ग़ज़ल है जिसे कुछ लोग इश्क के रूमानी पहलू से जोड़ कर देखते हैं और आगे बढ़ जाते हैं। लेकिन बक़ौल फ़राज़ यह ग़ज़ल पाकिस्तान से बार-बार रूठ कर चली जाने वाली जम्हूरियत को मुख़ातिब मानकर कही गई है। शेर देखें :

रंजिश ही सही, दिल ही दुखाने के लिए आ
आ फिर से मुझे छोड़ के जाने के लिए आ।
किस किस को बताएँगे जुदाई का सबब हम
तू मुझसे खफ़ा है तो ज़माने के लिए आ।
पहले से मरासिम न सही फिर भी कभी तो
रस्मो-रहे-दुनिया ही निभाने के लिए आ।
जैसे तुझे आते हैं न आने के बहाने
ऐसे ही किसी रोज़ न जाने के लिए आ।

और इस तरह डेमोक्रैसी की तड़प को फ़राज़ ने महबूब की जुदाई की तड़प में तब्दील कर दिया।

अहमद फ़राज़ की शायरी पर मशहूर शायर कुँवर महेन्द्र सिंह बेदी 'सहर' की टिप्पणी यहाँ देना मैं मुनासिब मानता हूँ। वह टिप्पणी फ़राज़ को समझने में मददगार हो सकती है। उनका कहना है :

''फ़राज़ की शायरी ग़मे दौराँ और ग़मे जानाँ का एक हसीन संगम है। उनकी ग़ज़लें उस तमाम पीड़ा की प्रतीक हैं जिससे एक हस्सास (सोचने वाला) और रोमांटिक शायर को जूझना पड़ता है। उनकी नज़्में ग़मे दौराँ की भरपूर तर्जुमानी करती हैं और उनकी कही हुई बात, जो सुनता है उसी की दास्ताँ मालूम होती है।''

बेदी साहब के कहे के मुताबिक़ ग़ौर करें तो फ़राज़ के यहाँ महबूब और ज़माने के ग़म एक साथ उभरते हैं, बल्कि कहीं-कहीं तो वो अपने निजी ग़म को भी सार्वजनिक बना देते हैं। और यही उनका कमाल है। उदाहरण के तौर पर ग़ौर करें :

कुछ इस तरह से गुज़ारी है ज़िन्दगी जैसे
तमाम उम्र किसी दूसरे के घर में रहा।

किसी को घर से निकलते ही मिल गई मंज़िल
कोई हमारी तरह उम्र भर सफर में रहा।

•

झेले हैं जो दुख तूने फ़राज़ अपनी जगह हैं
पर तुम पे जो गुज़री है वो औरों से तो कम है।

हिजरत, ग़मे दौराँ और ग़मे जानाँ के अतिरिक्त अगर फ़राज़ ने केवल इश्क़ पर भी शेर कहे हैं तो भी फ़राज़ ने उनमें रिवायती हुस्नो-इश्क़ से दूर, जीती-जागती दुनिया के लोगों के इश्क़, उनकी जुदाई, उनके मिलन आदि को कुछ इतने ख़ूबसूरत अन्दाज़ में ढाला है कि सुनने वाला उसमें अपने आपको ढूँढ़ने लगता है। कभी-कभी तो लगता है, महबूब को सामने बिठाकर बात की जा रही है। उनकी तमाम ग़ज़लें और उनके अशआर इसकी ताईद करते नज़र आएँगे :

वो ठहरता क्या कि गुज़रा तक नहीं जिसके लिए
घर तो घर हर रास्ता आरास्ता मैंने किया।

•

ये दिल जो तुझको ब ज़ाहिर भुला चुका भी है
कभी-कभी तेरे बारे में सोचता भी है।

•

सुना है बोलें तो बातों से फूल झड़ते हैं
ये बात है तो चलो बात करके देखते हैं

ये कौन है सरे साहिल कि डूबने वाले
समन्दरों की तहों से उछल के देखते हैं

•

उसकी वो जाने उसे पासे-वफ़ा था कि न था
तुम फ़राज़ अपनी तरफ़ से तो निभाते जाते।

•

होते रहे दिल लम्हा-ब-लम्हा तहो-बाला
वो ज़ीना-ब-ज़ीना बड़े आराम से उतरे

फ़राज़ की शायरी पर हिन्दुस्तान के अनेक समकालीन रचनाकारों ने अपनी राय ज़ाहिर की है। मजरूह सुल्तानपुरी ने एक बार लिखा कि :

"फ़राज़ अपने वतन के मज़लूमों के साथी हैं। उन्हीं की तरह तड़पते हैं, मगर रोते नहीं। बल्कि उन ज़ंजीरों को तोड़ते और बिखेरते नज़र आते हैं जो उनके माशरे (समाज) के जिस्म (शरीर) को जकड़े हुए हैं। उनका कलाम न केवल ऊँचे दर्जे का है बल्कि एक शोला है, जो दिल से ज़बान तक लपकता हुआ

मालूम होता है।"

दिल से ज़बान तक लपकता हुआ यह शोला कभी-कभी उनके आलोचकों को नाक-भौं सिकोड़ने का बहाना दे देता है और वे उनकी शायरी में हुस्नो-इश्क़ को घिसा-पिटा घोषित करते पाए जाते हैं। ऐसी आलोचना का जवाब देते हुए पाकिस्तान के विख्यात शायर और कथाकार श्री अहमद नदीम क़ासिमी ने एक बार लिखा कि :

"यदि हुस्नो-जमाल और इश्क़ो-मुहब्बत की उम्दा शायरी घटिया होती तो मीर और ग़ालिब ही नहीं, बल्कि दुनिया भर के महान् शायरों के यहाँ घटिया शायरी के अंबारों के सिवा क्या होता। फ़राज़ की शायरी में प्रयोग होने वाला हुस्नो-इश्क़ ऐसा विषय है जो इन्सानी ज़िन्दगी में से निकल जाए तो इन्सान के बातिन (अन्दर) सहराओं में बदल जाएँ। अहमद फ़राज़ तो भरी-पूरी ज़िन्दगी का शायर है।"

अगर बारीक़ी से नज़र डालें तो अहमद फ़राज़ की शायरी की सबसे बड़ी ख़ूबी नाजुकी और ख़ूबसूरती है, जिसे इन चन्द अशआर में देखें :

ऐसा गुम हूँ तेरी यादों के बयाबानों में
दिल न धड़के तो सुनाई नहीं देता कुछ भी

•

बज़ाहिर एक ही शब है फिराक़े यार, मगर
कोई गुज़ारने बैठे तो उम्र सारी लगे।

•

अब तो हमें भी तर्के मरासिम का दुख नहीं
पर दिल ये चाहता है कि आगाज़ तू करे

•

अहमद फ़राज़ का मैदान वैसे तो ग़ज़ल है, पर फ़राज़ ने नज़्में भी लिखी हैं जो अपने अन्दर कई पहलू लिये हुए हैं। फ़राज़ यहाँ भी अपने प्यारे विषय 'देश-प्रेम' और 'हिजरत' से दामन छुड़ा नहीं पाए हैं। यों उनमें सारी मानवता की पीड़ा समाई मिल जाएगी :

ये दुख आसाँ न थे जानाँ
पुरानी दास्तानों में तो होता था
कि कोई शाहज़ादी या कोई नीलम परी
देवों या आसेबों की क़ैदी
अपने आदम ज़ाद दीवाने की रह तकते

दरबदरी की तस्वीर में वे शब्दों का रंग यूँ भरते हैं :

किसी शहरे बे अमाँ में
मैं वतन बदर अकेला
कभी मौत का सफर था
कभी ज़िन्दगी से खेला

जागीरदारी व्यवस्था में जनता पर होने वाले अत्याचारों, किसानों, मज़दूरों की आहों और दर्द को भी फ़राज़ ने अपना विषय बनाया है। ऐसी नज़्मों में, 'ख़्वाबों के व्योपारी', 'काली दीवार', 'अब वो कहते हैं' अहम हैं। पाकिस्तान की ज़िन्दगी जिसमें आग, धुआँ, मार-काट, लूटपाट-धमाके आदि आए दिन होते हैं और हर किसी पर खौफ़ के साये लहराते रहते हैं, फ़राज़ ने अपनी कई नज़्मों में इसका ख़ूबसूरत चित्रण किया है। जिन्होंने 'शहरनामा', 'कर गए कूच कहाँ, अभी हम ख़ूबसूरत हैं', 'ऐ मेरे वतन के खुशनवाओ!' और 'नई मुसाफ़त का अहदनामा' जैसी नज़्में पढ़ी हैं, उन्हें इस बात की जानकारी ज़रूर होगी।

इन नज़्मों के ज़िक्र के साथ मैं यहीं यह बात भी कहना चाहता हूँ कि उन्होंने नज़्में लिखी जरूर हैं, लेकिन उन्हें ग़ज़लों के शायर के रूप में ही ज़्यादा माना जाता है। यों भी फ़राज़ ने ग़ज़लों की बनिस्बत नज़्में कम लिखी हैं, फिर कई नज़्में अपनी लम्बाई के कारण भी पाठक को बाँध नहीं पातीं। फिर भी पढ़ने या सुनने वालों के लिए वे कभी समस्या नहीं बनतीं। प्रो. शमीम हनफ़ी (अध्यक्ष, उर्दू विभाग, जामिया) ने एक बार कहा था :

"अहमद फ़राज़ की शायरी न प्रोपेगैण्डा है और न चीख़ो-पुकार। न केवल बयान। उनके यहाँ एक रखरखाव मिलता है। उनकी शायरी अपने पढ़ने या सुनने वालों के लिए 'संप्रेषण' की समस्या नहीं बनती।"

प्रो. शमीम हनफ़ी का इशारा प्रगतिशील लेखक संघ और बाद की विचारधाराओं की ओर है जिनके साये तले प्रोपेगैण्डा और चीख़-पुकार होती रही है। फ़राज़ ने इनमें से कोई भी रास्ता नहीं चुना। उन्होंने अपनी डगर खुद तलाशी है। ग़ज़ल के मैदान में वे अपनी कुछ विशेषताओं के कारण अपनी अलग पहचान रखते हैं।

उनमें उनकी अपनी ज़बान की ऐतिहासिक उपलब्धियाँ तो शामिल हैं ही, एशिया के अदब का हसीन मंज़र भी पेश आता है। जब वे कहते हैं :

हाकिम की तलवार मुकद्दस होती है।
हाकिम की तलवार के बारे मत लिक्खो
वह लिक्खो बस जो भी अमीरे-शहर कहे
जो कहते हैं दर्द के मारे मत लिक्खो।

लगता है जैसे सारा एशिया इन अल्फ़ाज़ में अपना दर्द उँड़ेल रहा है। हुकूमत की ऐसी पाबंदियों के बीच भी फ़राज़ ने उम्मीद की शम्एँ जलाने वाले ख़्वाब देखना बन्द नहीं किया। मुझे उनका यह ख़्वाबपरस्त व्यक्तित्व बहुत आकर्षित करता है। उनकी एक नज़्म है 'ख़्वाब मरते नहीं', उसके एक अंश को सामने रखकर अपनी बात को विराम देना चाहूँगा :

"ख़्वाब दिल हैं न आँखें न साँसें कि जो
रेज़ा-रेज़ा हुए तो बिखर जाएँगे
....
ख़्वाब तो रोशनी हैं, नवा हैं, हवा हैं
जो काले पहाड़ों से रुकते नहीं
ज़ुल्म के दोज़ख़ों से भी फुँकते नहीं
रोशनी और नवा और हवा के अलम
मक़तलों में पहुँचकर भी झुकते नहीं
ख़्वाब तो हर्फ़ हैं
ख़्वाब तो नूर हैं
ख़्वाब सुकरात हैं
ख़्वाब मंसूर हैं।"

सपनों को हवा, रोशनी और आवाज़ की तरह देखना और उनके अलम (झंडे) का क़त्लगाहों में पहुँचकर भी न झुकना, उन्हें अक्षर और रोशनी मानना और उन्हें ज़हर का प्याला पीने वाले सुकरात और सूली चढ़ने वाले मंसूर की शक्ल में देखना एक बड़े शायर के ही बस की बात होती है। अत्याचारों के नरक़ भी जिन सपनों का कुछ बिगाड़ नहीं सकते, उन्हीं सपनों की तामीर करने के लिए फ़राज़ की शायरी अदबी दुनिया के सामने है। हिन्दी के स्वनामधन्य रचनाकार (स्व.) डॉ. धर्मवीर भारती की कविता 'सपना अभी भी' फ़राज़ की इस नज़्म के समानान्तर पूरे एशिया के स्वप्नदर्शी रचनाकारों की एक अलग छवि उकेरती है। रूमानियत के भीतर बुना हुआ भविष्य का सपना भारती जी के शब्दों में यों है :

तोड़कर अपने चतुर्दिक का छलावा
जबकि घर छोड़ा, गली छोड़ी, नगर छोड़ा
कुछ नहीं था पास बस इसके अलावा
विदा वेला, यही सपना भाल पर तुमने तिलक की तरह आँका था
(एक युग के बाद अब तुमको कहाँ तक याद होगा?)

किन्तु मुझको तो इसी के लिए जीना और लड़ना
है धधकती आग में तपना अभी भी
...क्योंकि है सपना अभी भी !!

...फिर तड़प कर याद आता है कि
सब कुछ खो गया है—दिशाएँ, पहचान, कुण्डल, कवच
लेकिन शेष हूँ मैं, युद्धरत मैं, तुम्हारा मैं
तुम्हारा अपना अभी भी!
इसलिए तलवार टूटी, अश्व घायल
कोहरे डूबी दिशाएँ
कौन दुश्मन, कौन अपने लोग, सब कुछ धुन्ध धूमिल
किन्तु कायम युद्ध का संकल्प है अपना अभी भी!
...क्योंकि है सपना अभी भी!

भविष्य के सपनों के लिए लड़ने का संकल्प जब इतना मज़बूत होता है तभी कहा जा सकता है कि 'ख़्वाब तो हर्फ़ हैं', अक्षर हैं, जिनको क्षर किया ही नहीं जा सकता, उन्हें मारा नहीं जा सकता चाहे सुकरात की तरह ज़हर दो या मंसूर की तरह सूली चढ़ाओ। ऐसे सपनों की पताकाएँ क़त्लगाहों पर भी झुकने का नाम नहीं लेतीं। फ़राज़ ऐसे ही ख़्वाब देखने वाले शायर हैं, एशिया की एक बुलन्द ख़्वाबपरस्त आवाज़ हैं। मैं उनकी इसी स्वप्नदर्शिता को अपना सलाम भेजता हूँ।

—कन्हैया लाल नंदन

मेरी शायरी...

"मुझे इसका ऐतराफ़ करते हुए एक निशात-अंगेज़ फ़ख्र महसूस होता है कि जिस शायरी को मैंने सिर्फ़ अपने जज़्बात के इज़हार का वसीला बनाया था उसमें मेरे पढ़ने वालों को अपनी कहानी नज़र आई और अब ये आलम है कि जहाँ-जहाँ भी इन्सानी बस्तियाँ हैं और वहाँ शायरी पढ़ी जाती है, मेरी किताबों की माँग है और ग़ालेबन इसीलिए दुनिया की बहुत-सी छोटी-बड़ी जुबानों में मेरी शायरी के तर्जुमे छप चुके हैं या छप रहे हैं। इस मामले में मैं अपने आपको दुनिया के उन चन्द खुशक़िस्मत लिखनेवालों में शुमार करता हूँ जिन्हें लोगों ने उनकी ज़िन्दगी में ही बे-इन्तिहा मोहब्बत और पज़ीराई बख़्शी है।

"हिन्दुस्तान" में अक्सर मुशायरों में शिरकत से मुझे ज़ाती तौर पर अपने सुनने और पढ़ने वालों से तआरुफ़ का ऐज़ाज़ मिला और वहाँ के अवाम के साथ-साथ निहायत मोहतरम अहले-क़लम ने भी अपनी तहरीरों में मेरी शेअरी तख़लीक़ात को खुले दिल से सराहा है। इन बड़ी हस्तियों में फ़िराक़, अली सरदार जाफ़री, मजरूह सुल्तानपुरी, डॉक्टर क़मर रईस, खुशवंत सिंह, प्रो. मोहम्मद हसन और डॉ. गोपीचन्द नारंग ख़ासतौर पर क़ाबिले-ज़िक्र हैं। उसके अलावा मेरी ग़ज़लों को आम लोगों तक पहुँचाने में हिन्दुस्तानी गुलूकारों ने भी ऐतराफ़े-मोहब्बत किया जिनमें लता मंगेशकर, आशा भोंसले, जगजीत सिंह, पंकज उधास और कई दूसरे नुमायाँ गुलूकार शामिल हैं।"

—अहमद फ़राज़

क्रम

परिचय 5
अब के बिछड़े तो शायद कभी ख़्वाबों में मिलें 23
रंजिश ही सही दिल ही दुखाने के लिए आ 24
न अब ज़वाज़ न मौका है हाथ मलने का 25
जुज़ तेरे कोई भी दिन रात न जाने मेरे 26
अब कि तजदीदे-वफ़ा का नहीं इमकाँ जानाँ 27
बरसों के बाद देखा 'इक शख़्स दिलरुबा-सा' 29
जिस सिम्त भी देखूँ नज़र आता है कि तुम हो 30
तेरे क़रीब आ के बड़ी उलझनों में हूँ 31
न इंतज़ार की लज़्ज़त न आरज़ू की थकन 32
मैंने आग़ाज़ से अंजामे-सफर जाना है 33
तेरी बातें ही सुनाने आए 34
जो सर भी कशीदा हो उसे दार करे है 35
दोस्त बनकर भी नहीं साथ निभाने वाला 36
गलियों में कैसा शोर था क्यों भीड़ सी... 37
जो भी दुख याद न था याद आया 38
यूँ तो पहले भी हुए उससे कई बार जुदा 39
यह आलम शौक़ का देखा न जाए 40
सितमगरी का हर अंदाज महरमाना लगा 41
हमसे कहें कुछ दोस्त हमारे मत लिक्खो 42
ले उड़ा फिर कोई ख़याल हमें 43
अजब शहर थे और अजब लोग थे 44
हर तमाशाई फ़क़त साहिल से मंज़र देखता 45
अपनी ही आवाज़ को बेशक कान में रखना 46
हर दवा दर्द को बढ़ा ही दे 47
हम तो यों खुश थे कि एक तार गिरेबान में है 48
हर कोई जाती हुई रुत का इशारा जाने 49
तुम ज़माना-आशना तुमसे ज़माना आशना 50

मिज़ाज हमसे ज़्यादा जुदा न था उसका 51
क्या ऐसे कम-सुख़न से कोई गुफ़्तुगू करे 52
हुई है शाम तो आँखों में बस गया फिर तू 53
जहाँ के शोर से घबरा गए क्या 54
अब शौक़ से कि जाँ से गुज़र जाना चाहिए 55
ऐसे चुप हैं कि यह मंज़िल भी कड़ी हो जैसे 56
बदन में आग है चेहरा गुलाब जैसा है 57
अपनी मुहब्बत के अफ़साने कब तक 58
नज़र बुझी तो करिश्मे भी रोज़ो-शब के गए 59
तू पास भी हो तो दिल बेक़रार अपना है 60
ज़ुल्फ़ रातों-सी है रंगत है उजालों जैसी 61
फिर उसी रहगुज़ार पर शायद 62
जो रंजिशें थीं जो दिल में गुबार था न गया 63
तुम भी ख़फ़ा हो लोग भी बरहम हैं दोस्तो 64
दर्द की राहें नहीं आसाँ ज़रा आहिस्ता चल 65
यह जो नश्शे हैं सफ़र के न उतर जाएँ कहीं 66
अब वो झोंके कहाँ सबा जैसे 67
अजीब रुत थी कि हर चंद पास था वह भी 68
कठिन है राहगुज़र थोड़ी दूर साथ चलो 69
कहा था किसने तुझे आबरू गँवाने जा 70
करूँ न याद मगर किस तरह भुलाऊँ उसे 71
आँख से दूर न हो दिल से उतर जायेगा 72
दिल-गिरफ़्ता ही सही बज़्म सजा ली जाए 73
जब भी दिल खोल के रोए होंगे 74
इन्हीं ख़ुश गुमानियों में कहीं जाँ से भी न जाओ 75
न दिल से आह न लब से सदा निकलती है 76
दौलते-दर्द को दुनिया से छुपाकर रखना 77
दिल को अब यों तेरी हर एक अदा लगती है 78
चलो उसी से कहें दिल का हाल जो भी हो 79
क़ुर्बतों में भी जुदाई के ज़माने माँगे 80
लगा के ज़ख़्म बदन पर क़बाएँ देता है 81
ख़ामोश हो क्या दादे-ज़फ़ा क्यों नहीं देते 82
दिल तो वह बर्गे-खिज़ाँ है कि हवा ले जाए 83
जब तेरी याद के जुगनू चमके 84

दस्ते-नामुरादी में साथ कौन था किसके 85
तुझे उदास किया ख़ुद भी सोगवार हुए 86
मुस्तक़िल महरूमियों पर भी तो दिल माना नहीं 87
ऐ ख़ुदा आज उसे सबका मुक़द्दर कर दे 88
यूँ तो कहने को बहुत लोग शनासा मेरे 89
नज़र की धूप में साये घुले हैं शब की तरह 90
शोला था जल बुझा हूँ, हवाएँ मुझे न दो 91
रातें हैं उदास दिन कहे हैं 92
जान की परवाह फिर किसको हो 93
ये जानकर भी कि दोनों के रास्ते थे अलग 94
मैं कि पुर-शोर समंदर थे मेरे पाँवों में 95
मेरा ही रंग परीदा हर एक नज़र में रहा 96
कुछ न किसी से बोलेंगे 97
कौन आता है मगर आस लगाए रखना 98
हैरान हूँ ख़ुद को देखकर मैं 99
क़ुर्बत भी नहीं दिल से उतर भी नहीं जाता 100
जहाँ भी जाना तो आँखों में ख़्वाब भर लाना 101
नाख़ुश हैं कभी बुत, कभी नाराज़ हरम है 102
ज़िन्दगी से यही गिला है मुझे 103
साक़िया एक नज़र जाने से पहले पहले 104
दुख छुपाए हुए हैं हम दोनों 105
इक शब था वो मेहमान मेरा 106
थे दिल जो तुझको बज़ाहिर भुला चुका भी है 107
वो दुश्मने जाँ, जान से प्यारा भी कभी था 108
आज फिर दिल ने कहा 109
रोने से मलाल घट गया है 110
सिलसिले तोड़ गया वो सभी जाते-जाते 111
अभी कुछ और करिश्मे ग़ज़ल के देखते हैं 112
सुना है लोग उसे आँख भर के देखते हैं 113
हिज्रे जानाँ की घड़ी अच्छी लगी 115
गई रुतों में तो शामो-सहर न थे ऐसे 116
मैं चुप रहा तो सारा जहाँ था मेरी तरफ 117
इस क़दर मुसलसल थीं शिद्दतें जुदाई की 118
मैं दीवाना सही पर बात सुन ऐ हमनशीं मेरी 119

चलो अज़ाब सहें दोस्ती के यूँ ही सही 120
जुरअते-गोश बनी मुझसे 121
ज़िन्दगी की अब नई रस्में बना दी जाएँगी 122
मुझसे पहले 123
इतने चुप क्यों हो ? 125
ख़्वाब मरते नहीं 126
ऐ देस से आनेवाले बता 127
अब किसका जश्न मनाते हो ! 129
उस मगरिब का जिसको तुमने 130
मंसूबा से ! 132
कलम सुर्ख़रू है 134
कहा नहीं था 136
नज़रे-नज़रुल 138
मम्दूह 139
फ़नकारों के नाम 141
सवाल 143
पास क्या था 144
सभी शरीके-सफ़र हैं 145
क़नीज़ 146
आईना 147
ख्वाब 148
सेहरा 149
ख़ुदगर्ज़ 150
ऐ वतन ऐ वतन 151
कोई भटकता बादल 152
ये खेत हमारे हैं ये खलिहान हमारे 153
अलमिया 154
ख़ुशबू का सफ़र 155
हुआ सो हुआ 156
ये मेरी ग़ज़लें, ये मेरी नज़्में 157
यह दर्द मौजे-सबा हुआ है 158
गुफ़्तगू अच्छी लगी जौके 159
एक शे'र 160

''मुझे हुस्न और खूबसूरती से लालच की हद तक वाबस्तगी है, मगर हुस्न और खूबसूरती सुंदर चेहरों, नशीली आँखों, मदभरे होंठों और हीरों जैसे तराशे हुए जिस्मों से अलग भी तो है। यह सुंदरता उन आदर्शों में भी तो है, जो हमें अमन, क़ुरबानी, मुहब्बत, समानता, इंसानी दोस्ती और मिलजुलकर जीने की रौशन मंज़िलों तक पहुँचने की कुव्वत अता करते हैं। मैं अपने लोगों के दुखों, महरूमियों और तकलीफों से कैसे चश्मपोशी कर सकता हूँ, जिन्होंने मेरी शायरी के हवाले से मुझे बेहद प्यार किया है। अगर मेरी तख़लीक़ात सिर्फ़ मेरी नाकाम मुहब्बतों के मर्सिये या कामयाब ख़्वाहिशों के होते तो मैं एक खुदग़र्ज़ और खुदपरस्त शायर के अलावा कुछ भी न होता।

''मेरे समकालीन लिखनेवालों को मुझसे गिला है कि पिछले दस बरसों से मेरी शायरी में विरोध और राजनीति, रोमानियत पर ग़ालिब आ गई है। मैं इस एतराज़ को अपने लिए सम्मान समझता हूँ कि कोई भी बा-शऊर और हिस्सास लिखनेवाला अपने अह्द और लोगों के मसाइल से तग़ाफ़ुल नहीं बरत सकता और सियासी चेतना के बग़ैर अपनी रचनाओं को आबरू नहीं बख़्श सकता।''

—अहमद फ़राज़

ये मेरी ग़ज़लें, ये मेरी नज़्मे
तमाम तेरी हिकायतें[1] हैं

---

1. फ़साने

अब के बिछड़े तो शायद कभी ख़्वाबों में मिलें
जिस तरह सूखे हुए फूल किताबों में मिलें

ढूँढ़ उजड़े हुए लोगों में वफ़ा के मोती
ये ख़ज़ाने तुझे मुमकिन है ख़राबों[1] में मिलें

ग़म भी नशा है, इसे और फुजूं[2] होने दे
जां पिघलती है, शराबें जो शराबों में मिलें

तू ख़ुदा है न मेरा इश्क़ फ़रिश्तों जैसा
दोनों इंसाँ हैं तो क्यों इतने हिजाबों[3] में मिलें

आज हम दार[4] पे खींचे गए जिन बातों पर
क्या अजब कल वो ज़माने को निसाबों[5] में मिलें

अब न वह मैं हूँ न वह तू है न वह माज़ी है 'फ़राज़'
जैसे दो शख़्स तमन्ना के सराबों[6] में मिलें

---

1. उजाड़, सुनसान, 2. तेज़, 3. संकोच, पर्दा, 4. स्कूली किताबें, 5. मृग-मरीचिका

रंजिश ही सही दिल ही दुखाने के लिए आ
आ फिर से मुझे छोड़ के जाने के लिए आ

कुछ तो मेरे पिंदारे-मुहब्बत[1] का भरम रख
तू भी तो कभी मुझको मनाने के लिए आ

पहले से मरासिम[2] न सही फिर भी कभी तो
रस्मो-रहे-दुनिया ही निभाने के लिए आ

किस-किस को बताएँगे जुदाई का सबब हम
तू मुझसे ख़फ़ा है तो ज़माने के लिए आ

एक उम्र से हूँ लज़्ज़ते-गिरिया[3] से भी महरूम
ऐ राहते-जाँ मुझको रुलाने के लिए आ

अब तक दिले ख़ुश-फ़हम[4] को तुझसे हैं उमीदें
यह आख़री शमएँ भी बुझाने के लिए आ

माना कि मुहब्बत का छुपाना है मुहब्बत
चुपके से किसी रोज़ जताने के लिए आ

जैसे तुझे आते हैं न आने के बहाने
ऐसे ही किसी रोज़ न जाने के लिए आ

---

1. मुहब्बत का घमंड 2. संबंध 3. रोने का सुख 4. अच्छा भ्रम

न अब ज़वाज़[1] न मौक़ा है हाथ मलने का
हमीं को शौक रहा रास्ते बदलने का

पहुँचे गए सरे मंज़िल बखूबिए किस्मत
मगर वो लुत्फ कहाँ साथ-साथ चलने का

वो साअतें[2] तो हवाओं के साथ जा भी चुकीं
नज़र में अब भी है मंज़र चिराग़ जलने का

वो सर्द-मेह्र[3] सही पर निगाहे-लुत्फ़ के बाद
'फ़राज़' देखो समाँ बर्फ के पिघलने का।

1. जायज 2. क्षण 3. ठंडा प्रेम

जुज़ तेरे[1] कोई भी दिन रात न जाने मेरे
तू कहाँ है मगर ऐ दोस्त पुराने मेरे

तू भी ख़ुशबू है मगर मेरा तजस्सुस[2] बेकार
बर्गे-आवारा[3] की मानिंद ठिकाने मेरे

शम्अ की लौ थी कि वह तू था मगर हिज्र की रात
देर तक रोता रहा कोई सिराहने मेरे

ख़ल्क़[4] की बेख़बरी है कि मेरी रुस्वाई
लोग मुझको ही सुनाते हैं फ़साने मेरे

लुट के भी ख़ुश हूँ कि अश्कों से भरा है दामन
देख ग़ारतगरे[5]-दिल ये भी ख़ज़ाने मेरे

आज एक और बरस बीत गया उसके बग़ैर
जिसके होते हुए होते थे ज़माने मेरे

काश तू भी मेरी आवाज़ कहीं सुनता हो
फिर पुकारा है तुझे दिल की सदा ने मेरे

काश तू भी कभी आ जाए मसीहाई को
लोग आते हैं बहुत दिल को दुखाने मेरे

काश औरों की तरह मैं भी कभी कह सकता
बात सुन ली है मेरी, आज ख़ुदा ने मेरे

तू है किस हाल में ऐ ज़ूद-फ़रामोश[6] मेरे
मुझको तो छीन लिया अहदे-वफ़ा[7] ने मेरे

चारा-गर[8] यों तो बहुत हैं मगर ऐ जाने-'फ़राज़'
जुज़ तेरे और कोई ज़ख़्म न जाने मेरे

---

1. तेरे अलावा 2. खोज 3. बिखरे पत्ते 4. सृष्टि 5. दिल को बर्बाद करनेवाले 6. जल्द भूलनेवाला 7. प्रेम का प्रण 8. उपचारक

अब कि तजदीदे-वफ़ा[1] का नहीं इमकाँ जानाँ
याद क्या तुझको दिलाएँ तेरा पैमाँ[2] जानाँ

यूँ ही मौसम की अदा देख के याद आया है
किस क़दर जल्द बदल जाते हैं इंसाँ जानाँ

ज़िंदगी तेरी अता थी सो तेरे नाम की है
हमने जैसे भी बसर की तेरा एहसाँ जानाँ

दिल ये कहता है कि शायद हो फ़सुर्दा[3] तू भी
दिल की क्या बात करें दिल तो है नादाँ जानाँ

अव्वल-अव्वल की मुहब्बत के नशे याद तो कर
बे-पिये भी तेरा चेहरा था गुलिस्ताँ जानाँ

आख़िर-आख़िर तो ये आलम है कि अब होश नहीं
रगे-मीना[4] सुलग उट्ठी कि रगे-जाँ जानाँ

मुद्दतों से यही आलम न तवक़्क़ो[5] न उम्मीद
दिल पुकारे ही चला जाता है जानाँ-जानाँ

हम भी क्या सादा थे हमने भी समझ रक्खा था
ग़मे-दौराँ[6] से जुदा है ग़मे-जानाँ जानाँ

अब के कुछ ऐसी सजी महफ़िले-याराँ जानाँ
सर-ब-ज़ानो[7] है कोई सर-ब-गरीबाँ[8] जानाँ

---

1. प्रेम का नवीकरण 2. वचन 3. उदास 4. सुरा-पात्र की रगें 5. आशा 6. दुनिया का ग़म 7. घुटनों में सर दिए 8. गिरेबान में सर दिए

हर कोई अपनी ही आवाज़ से काँप उठता है
हर कोई अपने ही साये से हरासाँ जानाँ

जिसको देखो वही ज़ंजीर-ब-पा[1] लगता है
शहर का शहर हुआ दाख़िले-ज़िंदाँ[2] जानाँ

अब तेरा ज़िक्र भी शायद ही ग़ज़ल में आए
और से और हुए दर्द के उनवाँ[3] जानाँ

हम कि रूठी हुई रुत को भी मना लेते थे
हमने देखा ही न था मौसमे-हिज्राँ[4] जानाँ

होश आया तो सभी ख़्वाब थे रेज़ा-रेज़ा
जैसे उड़ते हुए औराक़े-परीशाँ[5] जानाँ

---

1. पाँव में ज़ंजीर 2. कारावास में दाख़िल 3. शीर्षक 4. विरह-काल 5. बिखरे पृष्ठ

बरसों के बाद देखा 'इक शख़्स दिलरुबा-सा'
अब ज़ह्न में नहीं है पर नाम था भला-सा

अब्रू[1] खिंचे-खिंचे-से आँखें झुकी-झुकी-सी
बातें रुकी-रुकी-सी लहज़ा थका-थका-सा

अलफ़ाज़ थे कि जुगनू आवाज़ के सफ़र में
बन जाए जंगलों में जिस तरह रास्ता-सा

पहले भी लोग आए कितने ही ज़िंदगी में
वो हर तरह से लेकिन औरों से था जुदा-सा

अगली मुहब्बतों ने वो ना-मुरादियाँ दीं
ताज़ा रिफ़ाक़तों से दिल था डरा-डरा-सा

कुछ यह कि मुद्दतों से हम भी नहीं थे रोए
कुछ ज़ह्र में बुझा था अहबाब[2] का दिलासा

फिर यों हुआ कि सावन आँखों में आ बसे थे
फिर यों हुआ कि जैसे दिल भी था आबला[3]-सा

अब सच कहें तो यारो हमको ख़बर नहीं थी
बन जाएगा क़यामत इक वाक़या ज़रा-सा

तेवर थे बेरुख़ी के अंदाज़ दोस्ती के
वो अजनबी था लेकिन लगता था आशना-सा

हम दश्त थे कि दरिया हम ज़ह्र थे कि अमृत
नाहक़ था ज़ोम[4] हमको जब वो नहीं था प्यासा

हमने भी उसको देखा कल शाम इत्तफ़ाक़न
अपना भी हाल है अब लोगो 'फ़राज़' का-सा

---

1. भँवें 2. प्रियजनों 3. फफोला 4. गुमान

जिस सिम्त भी देखूँ नज़र आता है कि तुम हो
ऐ जाने-जहाँ यह कोई तुम-सा है कि तुम हो

यह ख़्वाब है ख़ुशबू है कि झोंका है कि पल है
यह धुंध है बादल है कि साया है कि तुम हो

इस दीद की साअत[1] में कई रंग हैं लर्ज़ां[2]
मैं हूँ कि कोई और है दुनिया है कि तुम हो

देखो ये किसी और की आँखें हैं कि मेरी
देखूँ यह किसी और का चेहरा है कि तुम हो

यह उम्रे-गुरेज़ाँ[3] कहीं ठहरे तो यह जानूँ
हर साँस में मुझको यही लगता है कि तुम हो

हर बज़्म में मौज़ू-ए-सुख़न[4] दिल-ज़दगाँ[5] का
अब कौन है शीरीं है कि लैला है कि तुम हो

इक दर्द का फैला हुआ सहरा है कि मैं हूँ
इक मौज में आया हुआ दरिया है कि तुम हो

वो वक़्त न आए कि दिले-ज़ार[6] भी सोचे
इस शहर में तनहा कोई हम-सा है कि तुम हो

आबाद हम आशुफ़्ता-सिरों[7] से नहीं मक़तल[8]
यह रस्म भी इस शहर में ज़िंदा है कि तुम हो

ऐ जाने-'फ़राज़' इतनी भी तौफ़ीक़[9] किसे थी
हमको ग़मे-हस्ती[10] भी गवारा है कि तुम हो

---

1. दर्शन के क्षण 2. काँपते 3. जाती उम्र 4. बात का विषय 5. उदास दिल वालों 6. टूटा दिल 7. जुनूनी दिमाग़ वालों 8. क़त्ल करने की जगह 9. सद्‌बुद्धि 10. जान का दुख

तेरे क़रीब आके बड़ी उलझनों में हूँ
मैं दुश्मनों में हूँ कि तेरे दोस्तों में हूँ

मुझसे गुरेज़-पा[1] है तो हर रास्ता बदल
मैं संगे-राह[2] हूँ तो सभी रास्तों में हूँ

तू आ चुका है सतह पे कब से ख़बर नहीं
बेदर्द मैं अभी उन्हीं गहराइयों में हूँ

ऐ यारे ख़ुश-दयार[3] तुझे क्या ख़बर कि मैं
कब से उदासियों के घने जंगलों में हूँ

तू लूटकर भी अह्ले-तमन्ना को ख़ुश नहीं
मैं लुट के भी वफ़ा के उन्हीं क़ाफ़िलों में हूँ

बदला न मेरे बाद भी मौज़ू-ए-गुफ्तगू[4]
मैं जा चुका हूँ फिर भी तेरी महफ़िलों में हूँ

मुझसे बिछड़ के तू भी तो रोएगा उम्रभर
यह सोच ले कि मैं भी तेरी ख़्वाहिशों में हूँ

तू हँस रहा है मुझ पे मेरा हाल देखकर
और फिर भी मैं शरीक तेरे क़हक़हों में हूँ

ख़ुद ही मिसाले-लाला-ए-सहरा[5] लहू-लहू
और ख़ुद 'फ़राज़' अपने तमाशाइयों में हूँ

---

1. बचकर चलनेवाला 2. राह का पत्थर 3. अच्छे घरवाले दोस्त 4. बात का विषय 5. जंगल के लाल फूल (लाला) की तरह, जो सुर्ख़ होता है

न इंतज़ार की लज़्ज़त न आरज़ू की थकन
बुझी हैं दर्द की शम्एँ कि सो गया है बदन

सुलग रही हैं न जाने किस आँच से आँखें
न आँसुओं की तलब है न रतजगों की जलन

दिले-फ़रेब-ज़दा[1] दावते-नज़र पे न जा
ये आज के क़दो-गेसू[2] हैं कल के दारो-रसन[3]

ग़रीबे-शहर किसी साय-ए-शजर[4] में न बैठ
कि अपनी छाँव में ख़ुद जल रहे हैं सर्वो-समन[5]

बहारे-क़ुर्ब[6] से पहले उजाड़ देती हैं
जुदाइयों की हवाएँ मुहब्बतों के चमन

वह एक रात गुज़र भी गई मगर अब तक
विसाले-यार[7] की लज़्ज़त से टूटता है बदन

फिर आज शब तेरे क़दमों की चाप के हमराह
सुनाई दी है दिले-नामुराद की धड़कन

यह ज़ुल्म देख कि तू जाने-शायरी है मगर
मेरी ग़ज़ल में तेरा नाम भी है जुर्मे-सुख़न[8]

अमीरे-शह्र ग़रीबों को लूट लेता है
कभी ब-हीला-ए-मज़हब[9] कभी बनामे-वतन

हवाए-दह्र[10] से दिल का चराग़ क्या बुझता
मगर 'फ़राज़' सलामत है यार का दामन

---

1. धोखा खाए 2. क़द व ज़ुल्फ़ 3. फाँसी व रस्सी 4. पेड़ की छाया 5. सर्व—लंबा सुंदर पेड़ व यासमीन-फूल 6. समीपता की बहार 7. यार से मिलन 8. शायरी का जुर्म 9. धर्म के बहाने 10. दुनिया की हवा

मैंने आग़ाज़ से अंजामे-सफ़र जाना है
सबको दो-चार क़दम चल के ठहर जाना है

ग़म वो सहरा-ए-तमन्ना[1] कि बगूले की तरह
जिसको मंज़िल न मिली उसको बिखर जाना है

तेरी नज़रों में मेरे दर्द की क़ीमत क्या थी
मेरे दामन ने तो आँसू को गुहर[2] जाना है

अबके बिछड़े तो न पहचान सकेंगे चेहरे
मेरी चाहत तेरे पिंदार को मर जाना है

जाने वाले को न रोको कि भरम रह जाए
तुम पुकारो भी तो कब उसको ठहर जाना है

तेज़ सूरज में चले आते हैं मेरी जानिब
दोस्तों ने मुझे सहरा का शजर[3] जाना है

ज़िंदगी को भी तेरे दर से भिखारी की तरह
एक पल के लिए रुकना है गुज़र जाना है

अपनी अफ़सुर्दा-मिज़ाजी[4] का बुरा हो कि 'फ़राज़'
वाक़आ कोई भी हो आँख को भर आना है

1. तमन्नाओं का रेगिस्तान 2. मोती 3. पेड़ 4. उदास मिज़ाज

तेरी बातें ही सुनाने आए
दोस्त भी दिल ही दुखाने आए

फूल खिलते हैं तो हम सोचते हैं
तेरे आने के ज़माने आए

ऐसी कुछ चुप-सी लगी है जैसे
हम तुझे हाल सुनाने आए

इश्क़ तन्हा है सरे-मंज़िले-ग़म[1]
कौन यह बोझ उठाने आए

अजनबी दोस्त हमें देख, कि हम
कुछ तुझे याद दिलाने आए

दिल धड़कता है सफ़र के हंगाम[2]
काश फिर कोई बुलाने आए

अब तो रोने से भी दिल दुखता है
शायद अब होश ठिकाने आए

क्या कहीं फिर कोई बस्ती उजड़ी
लोग क्यों जश्न मनाने आए

सो रहो मौत के पहलू में 'फ़राज़'
नींद किस वक़्त न जाने आए

---

1. ग़म की मंज़िल 2. समय

जो सर भी कशीदा[1] हो उसे दार करे है
अग़यार[2] जो करते थे सो अब यार करे है

वो कौन सितमगर थे कि याद आने लगे हैं
तू कैसा मसीहा है कि बीमार करे है

अब रौशनी होती है कि घर ज़लता है देखें
शोला-सा तवाफ़े-दरो-दीवार[3] करे है

क्या दिल का भरोसा है कि यह सँभले कि न सँभले
क्यों ख़ुद को परेशाँ मेरा ग़मख़्वार[4] करे है

है तर्के-ता'ल्लुक़ ही मदावाए-ग़मे-जाँ[5]
पर तर्के-ता'ल्लुक़ तो बहुत ख़्वार[6] करे है

इस शहर में हो जुंबिशे-लब का किसे यारा[7]
याँ जुंबिशे-मिज़गाँ[8] भी गुनहगार करे है

तू लाख 'फ़राज़' अपनी शिकस्तों को छुपाए
यह चुप तो तेरे कर्ब का इज़हार करे है

---

1. खिंचा हुआ 2. ग़ैर लोग 3. दरो-दीवार पर चकराना 4. ग़म बाँटनेवाला 5. जान के ग़म का इलाज 6. अपमानित 7. होंठ हिलाने का साहस 8. पलकों का हिलना

दोस्त बन कर भी नहीं साथ निभानेवाला
वही अंदाज़ है ज़ालिम का ज़मानेवाला

अब उसे लोग समझते हैं गिरफ़्तार मेरा
सख़्त नादिम[1] है मुझे दाम[2] में लानेवाला

सुब्ह-दम छोड़ गया निकहते-गुल की सूरत[3]
रात को गुंच[4]-ए-दिल में सिमट आनेवाला

क्या कहें कितने मरासिम[5] थे हमारे उससे
वह जो एक शख़्स है मुँह फेर के जानेवाला

तेरे होते हुए आ जाती थी सारी दुनिया
आज तन्हा हूँ तो कोई नहीं आनेवाला

मुंतज़िर किसका हूँ टूटी हुई दहलीज़ पे मैं
कौन आएगा यहाँ कौन है आनेवाला

क्या ख़बर थी जो मेरी जाँ में घुला है इतना
है वही मुझको सरे-दार[6] भी लानेवाला

मैंने देखा है बहारों में चमन को जलते
है कोई ख़्वाब की ताबीर[7] बतानेवाला ?

तुम तकल्लुफ़ को भी इख़लास[8] समझते हो 'फ़राज़'
दोस्त होता नहीं हर हाथ मिलानेवाला

---

1. शर्मिंदा 2. जाल 3. फूल की ख़ुशबू की तरह 4. दिल की कली 5. संबंध 6. सूली पर 7. स्वप्न का अर्थ 8. प्रेम

गलियों में कैसा शोर था क्यों भीड़-सी मक़तल में थी
क्या वस्फ़[1] उस शायर में था क्या बात उस पागल में थी

ऐसा सितम क्या हो गया एक राहरौ[2] था खो गया
फिर ज़िंदगी की शाम थी और शाम भी जंगल में थी

क्या-क्या हवा चलती रही यह लौ मगर जलती रही
क्या ज़ोर उस आँधी में थी क्या ताब इस मशअल[3] में थी

शोला-ब-दिल आतिश-ब-जाँ[4] फिरता रहा वो बे-अमाँ[5]
वर्ना सबा ज़ुल्फ़ों में थी वर्ना घटा काजल में थी

तरसी हुई आँखों में किन-किन साहिलों के ख़्वाब थे
पर कश्ती-ए-उम्रे-रवाँ हालात की दलदल में थी

ख़लक़त ने आवाज़े कसे ता'ने दिए फ़तवे जड़े
वह सख़्त-जाँ हँसता रहा गो[6] ख़ुदकुशी पल-पल में थी

अपनी कशीदे-जाँ[7] से ही पीता रहा, जीता रहा
नश्शा कहाँ सागर में था मस्ती कहाँ बोतल में थी

1. विशेषता 2. पथिक 3. मशाल 4. जान में आग लिये 5. आश्रयहीन 6. हालाँकि 7. जान से खींची गई (शराब)

जो भी दुख याद न था याद आया
आज क्या जानिए क्या याद आया

फिर कोई हाथ है दिल पर जैसे
फिर तेरा अहदे-वफ़ा याद आया

जिस तरह धुंध में लिपटे हुए फूल
एक-एक नक़्श तेरा याद आया

ऐसी मजबूरी के आलम में कोई
याद आया भी तो क्या याद आया

ऐ रफ़ीक़ो सरे-मंज़िल[1] जा कर
क्या कोई आबला-पा[2] याद आया

याद आया था बिछड़ना तेरा
फिर नहीं याद कि क्या याद आया

जब कोई ज़ख़्म भरा दाग़ बना
जब कोई भूल गया याद आया

यह मुहब्बत भी है क्या रोग 'फ़राज़'
जिसको भूले वह सदा याद आया

---

1. मंज़िल पर 2. पाँव में छालों वाला

यूँ तो पहले भी हुए उससे कई बार जुदा
लेकिन अब के नज़र आते हैं कुछ आसार जुदा

गर ग़मे-सूदो-ज़ियाँ[1] है तो ठहर जा ऐ जाँ
कि इसी मोड़ पे यारों से हुए यार जुदा

दो घड़ी उससे रहो दूर तो यूँ लगता है
जिस तरह साया-ए-दीवार से दीवार जुदा

ये जुदाई की घड़ी है कि झड़ी सावन की
मैं जुदा गिरया-कुनाँ[2], अब्र[3] जुदा, यार जुदा

कजकुलाहों[4] से कहे कौन कि ऐ बेख़बरो
तौक़े-गर्दन[5] से नहीं तुर्रा-ए-दस्तार[6] जुदा

इस क़दर रूप हैं यारों के, कि ख़ौफ आता है
सरे-मयख़ाना जुदा और सरे-दरबार जुदा

कू-ए-जानाँ[7] में भी ख़ासा था तरहदार[8] 'फ़राज़'
लेकिन उस शख़्स की सज-धज थी सरे-दार[9] जुदा

---

1. लाभ व हानि की चिंता 2. रोता हुआ 3. बादल 4. तिरछी पगड़ी वाले, बाँके 5. दास के गले में डाला जानेवाला घेरा 6. पगड़ी का तुर्रा 7. महबूब की गली 8. बाँका 9. सूली पर

यह आलम[1] शौक़ का देखा न जाए
वह बुत है या ख़ुदा देखा न जाए

यह किन नज़रों से तूने आज देखा
कि तेरा देखना देखा न जाए

हमेशा के लिए मुझसे बिछड़ जा
यह मंज़र बार-हा[2] देखा न जाए

ग़लत है जो सुना, पर आज़मा कर
तुझे ऐ बेवफ़ा देखा न जाए

यह महरूमी नहीं पासे-वफ़ा[3] है
कोई तेरे सिवा देखा न जाए

यही तो आशना[4] बनते हैं आख़िर
कोई ना-आशना देखा न जाए

यह मेरे साथ कैसी रौशनी है
कि मुझसे रास्ता देखा न जाए

'फ़राज़' अपने सिवा है कौन तेरा
तुझे तुझसे जुदा देखा न जाए

---

1. हालत 2. बार-बार 3. वफ़ा का लिहाज़ 4. परिचित

सितमगरी का हर अंदाज़ महूरमाना[1] लगा
मैं क्या करूँ मेरा दुश्मन मुझे बुरा न लगा

हर एक को ज़ोम[2] था किस-किस को नाख़ुदा[3] कहते
भला हुआ कि सफ़ीना[4] किनारे जा न लगा

मेरे सुख़न का क़रीना[5] डुबो गया मुझको
कि जिसको हाल सुनाया उसे फ़साना लगा

बरूने-दर[6] न कोई रौशनी न साया था
सभी फ़िसाद मुझे अंदरूने-ख़ाना लगा

मैं थक गया था बहुत पै-ब-पै[7] उड़ानों से
जभी तो दाम[8] भी इस बार आशियाना लगा

इस अह्दे-ज़ुल्म[9] में मैं भी शरीक हूँ जैसे
मेरा सुकूत[10] मुझे सख़्त मुजरिमाना लगा

वो लाख ज़ूद-फ़रामोश[11] हो 'फ़राज़' मगर
उसे भी मुझको भुलाने में इक ज़माना लगा

---

1. अपनों का 2. घमण्ड 3. मल्लाह 4. कश्ती 5. बात का ढंग 6. घर के बाहर 7. एक के बाद एक 8. जाल 9. अत्याचार का युग 10. ख़ामोशी 11. जल्दी भूलनेवाला

हमसे कहें कुछ दोस्त हमारे मत लिक्खो
जान अगर प्यारी है प्यारे मत लिक्खो

हाकिम की तलवार .मुक़द्दस[1] होती है
हाकिम की तलवार के बारे मत लिक्खो

कहते हैं यह दारो-रसन[2] का मौसम है
जो भी जिसकी गरदन मारे मत लिक्खो

लोग इलहाम[3] को भी इलहाद[4] समझते हैं
जो दिल पर विज्दान[5] उतारे मत लिक्खो

वह लिक्खो बस जो भी अमीरे-शह्र कहे
जो कहते हैं दर्द के मारे मत लिक्खो

ख़ुद मुंसिफ़[6] पा-बस्ता[7] हैं, लब-बस्ता[8] हैं
कौन कहाँ अब अर्ज़ गुज़ारे मत लिक्खो

कुछ एज़ाज़-रसीदा[9] हमसे कहते हैं
अपनी बयाज़[10] में नाम हमारे मत लिक्खो

दिल कहता है खुलकर सच्ची बात कहो
और लफ़्ज़ों के बीच सितारे मत लिक्खो

---

1. पवित्र 2. सूली-रस्सी 3. आकाशवाणी 4. अनास्था 5. दैवी संदेश 6. न्यायकर्ता 7. बँधे पाँव 8. बँधे होंठोंवाले 9. चमत्कार करनेवाले 10. शेर लिखने की कापी

ले उड़ा फिर कोई ख़याल हमें
साक़िया-साक़िया सँभाल हमें

रो रहे हैं कि एक आदत है
वरना इतना नहीं मलाल हमें

ख़िलवती[1] हैं तेरे जमाल के हम
आईने की तरह सँभाल हमें

मर्गे-अंबोह[2], जश्ने-शादी[3] है
मिल गए दोस्त हस्बे-हाल हमें

इख़्तलाफ़े-जहाँ[4] का रंज न था
दे गए मात हम-ख़याल हमें

क्या तवक़्क़ो[5] करें ज़माने से
हो भी गर जुर्रते-सवाल[6] हमें

हम यहाँ भी नहीं हैं ख़ुश लेकिन
अपनी महफ़िल से मत निकाल हमें

हम तेरे दोस्त हैं 'फ़राज़' मगर
अब न और उलझनों में डाल हमें

---

1. तन्हाई के साथी 2. भीड़ की मौत 3. ख़ुशी का मौक़ा 4. दुनिया के विरोध 5. आशा
6. माँगने का हौसला

अजब शहर थे और अजब लोग थे
सितम सूरतें थीं, ग़ज़ब लोग थे

फ़क़ीर इस गली के गदागर[1] बने
सरापा[2] तलब-बे-तलब लोग थे

वह काफ़िर अकेला खिला दार पर
नमाज़े-जंनाज़ा में सब लोग थे

इन्हीं रास्तों पर कुलाहें गिरीं
इन्हीं रहगुज़ारों में जब लोग थे

न मक़तल न मेला-तमाशा कोई
मगर जा-ब-जा[3] बे-सबब लोग थे

सभी सर-ब-सजदा[4] थे दरबार में
हम ऐसे कहाँ बे-अदब लोग थे

'फ़राज़' अपनी बरबादियों का सबब
न अब लोग हैं और न जब लोग थे

---

1. भिखारी 2. सर से पैर तक 3. जगह-जगह 4. सजदे में सर झुकाए

हर तमाशाई फ़क़त साहिल से, मंज़र देखता
कौन दरिया को उलटता कौन गौहर[1] देखता

वो तो दुनिया को मेरी दीवानगी ख़ुश आ गई
तेरे हाथों में वगरना पहला पत्थर देखता

आँख में आँसू जड़े थे पर सदा तुझको न दी
इस तवक़्क़ो पर कि शायद तू पलटकर देखता

मेरी क़िस्मत की लकीरें मेरे हाथों में न थीं
तेरे माथे पर कोई मेरा मुक़द्दर देखता

ज़िंदगी फैली हुई थी शामे-हिज्राँ[2] की तरह
किसको इतना हौसला था कौन जीकर देखता

डूबनेवाला था और साहिल[3] पे चेहरों का हुजूम
पल की मोहलत थी मैं किसको आँख भरकर देखता

तू भी दिल को इक लहू की बूँद समझा है 'फ़राज़'
आँख अगर होती तो क़तरे में समंदर देखता

---

1. हीरे 2. विरह की शाम 3. किनारा

अपनी ही आवाज़ को बेशक कान में रखना
लेकिन शह्र की ख़ामोशी भी ध्यान में रखना

मेरे झूठ को खोलो भी और तोलो भी तुम
लेकिन अपने सच को भी मीज़ान[1] में रखना

कल तारीख़[2] यक़ीनन ख़ुद को दोहराएगी
आज के इक-इक मंज़र को पहचान में रखना

बज़्म में यारों की शमशीर[3] लहू में तर है
रज़्म[4] में लेकिन तलवारों को म्यान में रखना

आज तो ऐ दिल तर्के-तआल्लुक़[5] पर तुम ख़ुश हो
कल के पछतावे को भी इमकान[6] में रखना

इस दरिया से आगे एक समंदर भी है
और वो बे-साहिल है, यह भी ध्यान में रखना

इस मौसम में गुलदानों की रस्म कहाँ है
लोगो अब फूलों को आतिशदान में रखना

1. तराज़ू 2. इतिहास 3. तलवार 4. युद्ध 5. संबंधविच्छेद 6. संभावना

हर दवा दर्द को बढ़ा ही दे
अब तो ऐ दिल उसे भुला ही दे

लुटनेवाले से यों गुरेज़ न कर
क्या ख़बर वह तुझे दुआ ही दे

जिसके चेहरे पे मेरी आँखें हैं
वह मुझे ता'ने-कम-निगाही[1] दे

यह भी एक शेवा-ए-रिफ़ाक़त[2] है
जानेवालों को रास्ता ही दे

जाँकनी के अज़ाब[3] से निकलूँ
आख़री तीर भी चला ही दे

अब तो जैसे 'फ़राज़' बादे-मुराद[4]
ज़िंदगी का दिया बुझा ही दे

---

1. दूर दृष्टि की कमी पर व्यंग्य 2. दोस्ती का ढंग 3. जान निकलते समय की यातना 4. इच्छा पूरी करनेवाली हवा

हम तो यों खुश थे कि एक तार गिरेबान में है
क्या ख़बर थी कि बहार उसके भी अरमान में है

एक ज़रब[1] और भी ऐ ज़िंदगि-ए-तेशा बदस्त[2]
साँस लेने की सकत अब भी मेरी जान में है

मैं तुझे खो के भी ज़िंदा हूँ यह देखा तूने
किस क़दर हौसला हारे हुए इनसान में है

फ़ासले क़ुर्ब[3] के शोलों को हवा देते हैं !
मैं तेरे शहर से दूर और तू मेरे ध्यान में है

सरे दीवार फ़रोज़ाँ है अभी एक चराग़
ऐ नसीमे-सहरी[4] ! कुछ तेरे इमकान[5] में है ?

दिल धड़कने की सदा आती है गाहे-गाहे[6]
जैसे अब भी तेरी आवाज़ मेरे कान में है

ख़लक़ते-शहर[7] के हर ज़ुल्म के बावस्फ़[8] 'फ़राज़'
हाय वह हाथ कि अपने ही गिरेबान में है

---

1. चोट 2. कुदाल हाथ में 3. निकटता 4. सुबह की हवा 5. संभावना 6. कभी-कभी
7. नगरवासी 8.बावजूद

हर कोई जाती हुई रुत का इशारा जाने
"गुल न जाने भी क्या तो बाग़ तो सारा जाने"[1]

किसको बतलाएँ कि आशोबे-मुहब्बत[2] क्या है
जिस पे गुज़री हो वही हाल हमारा जाने

जान निकली किसी बिस्मिल[3] की न सूरज निकला
बुझ गया क्यों शबे-हिज्राँ[4] का सितारा जाने

जो भी मिलता है हमीं से वो गिला करता है
कोई तो सूरते-हालात ख़ुदारा[5] जाने

दोस्त अहबाब तो रह-रह के गले मिलते हैं
किसने ख़ंजर मेरे सीने में उतारा जाने

तुझसे बढ़कर कोई नादाँ नहीं होगा कि 'फ़राज़'
दुश्मने-जाँ को भी तू जान से प्यारा जाने

1. 'मीर' की मशहूर पंक्ति या मिस्रा 2. प्रेमरोग 3. ज़ख़्मी 4. विरह की रात 5. ख़ुदा के वास्ते

तुम ज़माना-आशना[1] तुमसे ज़माना आशना
और हम अपने लिए भी अजनबी ना-आशना

रास्ते भर की रिफ़ाक़त भी बहुत है जाने-मन
वरना मंज़िल पर पहुँचकर कौन किसका आशना

अब के ऐसी आँधियाँ उट्ठीं कि सूरज बुझ गए
हाय वो शमएँ कि झोंकों से भी थीं ना-आशना

मुद्दतें गुज़रीं इसी बस्ती में लेकिन अब तलक
लोग ना-वाक़िफ़[2], फ़ज़ा बेगाना, हम ना-आशना

हम भरे शहरों में भी तन्हा हैं जाने किस तरह
लोग वीरानों में कर लेते हैं पैदा आशना

ख़ल्क़[3] शबनम के लिए दामन-कुशा[4] सहराओं में
क्या ख़बर अब्रे-करम है सिर्फ़ दरिया-आशना

अपनी बरबादी पे कितने ख़ुश थे हम लेकिन 'फ़राज़'
दोस्त दुश्मन का निकल आया है अपना आशना

---

1. दुनिया से परिचित 2. अपरिचित 3. सृष्टि 4. दामन फैलाए

मिज़ाज हमसे ज़्यादा जुदा न था उसका
जब अपने तौर यही थे तो क्या गिला उसका

वो अपने ज़ोम में था बेख़बर रहा मुझसे
उसे गुमाँ भी नहीं मैं नहीं रहा उसका

वह बर्क़-रौ[1] था मगर रह गया कहाँ जाने
अब इंतज़ार करेंगे शिकस्ता-पा[2] उसका

चलो यह सैले-बला-ख़ेज़[3] ही बने अपना
सफ़ीना[4] उसका, ख़ुदा उसका, नाख़ुदा[5] उसका

ये अह्ले-दर्द भी किसकी दुहाई देते हैं
वो चुप भी हो तो ज़माना है हम-नवा[6] उसका

हमीं ने तर्के-ता'ल्लुक़ में पहल की कि 'फ़राज़'
वो चाहता था मगर हौसला न था उसका

---

1. बिजली जैसा तेज़ रफ़्तार 2. टूटे पाँवों वाले 3. मुसीबतों का सैलाब 4. कश्ती 5. मल्लाह
6. समर्थक

क्या ऐसे कम-सुख़न से कोई गुफ़्तगू करे
जो मुस्तक़िल सुकूत[1] से दिल को लहू करे

अब तो हमें भी तर्के-मरासिम[2] का दुख नहीं
पर दिल यह चाहता है कि आग़ाज़ तू करे

तेरे बग़ैर भी तो ग़नीमत[3] है ज़िंदगी
ख़ुद को गँवा के कौन तेरी जुस्तजू करे

अब तो यह आरज़ू है कि वह ज़ख़्म खाइए
ता-ज़िंदगी[4] यह दिल न कोई आरज़ू करे

तुझको भुला के दिल है वो शर्मिंद-ए-नज़र
अब कोई हादसा[5] ही तेरे रू-ब-रू[6] करे

चुपचाप अपनी आग में जलता रहा 'फ़राज़'
दुनिया तो अर्ज़े-हाल से बे-आबरू करे

1. चुप्पी 2. संबंध-विच्छेद 3. ठीक 4. जीने तक 5. दुर्घटना 6. समक्ष

हुई है शाम तो आँखों में बस गया फिर तू
कहाँ गया है मेरे शहर के मुसाफ़िर तू

मेरी मिसाल कि एक नख़्ले-ख़ुश्के-सहरा[1] हूँ
तेरा ख़याल कि शाख़े-चमन का तायर[2] तू

मैं जानता हूँ कि दुनिया तुझे बदल देगी
मैं मानता हूँ कि ऐसा नहीं ब-ज़ाहिर तू

हँसी-ख़ुशी से बिछड़ जा अगर बिछड़ना है
ये हर मुक़ाम पे क्या सोचता है आख़िर तू

फ़ज़ा उदास है रुत मुज़महिल[3] है मैं चुप हूँ
जो हो सके तो चला आ किसी की ख़ातिर तू

'फ़राज़' तूने उसे मुश्किलों में डाल दिया
ज़माना साहिबे-ज़र[4] और सिर्फ़ शायर तू

---

1. रेगिस्तान का सूखा पेड़ 2. चमन की डाली का परिंदा 3. ग़मगीन 4. धनवान

जहाँ के शोर से घबरा गए क्या
तुम अपने घर को वापस आ गए क्या ?

यहाँ कुछ आशना[1] सी बस्तियाँ थीं
जज़ीरों[2] को समंदर खा गए क्या ?

न थी इतनी कड़ी ताज़ा मुसाफ़त[3]
पुराने हमसफ़र याद आ गए क्या ?

मेरी गर्दन में बाँहें डाल दी हैं
तुम अपने आपसे उकता गए क्या ?

नहीं आया मेरा जाने-बहाराँ
दरख़्तों पर शगूफ़े[4] आ गए क्या ?

जहाँ मेला लगा है क़ातिलों का
'फ़राज़' उस शहर में तनहा गए क्या ?

---

1. जानी-पहचानी 2. द्वीपों 3. यात्रा 4. कलियाँ

अब शौक़ से कि जाँ से गुज़र जाना चाहिए
बोल ऐ हवाए-शहूर ! किधर जाना चाहिए

कब तक उसी को आख़री मंज़िल कहेंगे हम
कू-ए-मुराद[1] से भी उधर जाना चाहिए

वो वक़्त आ गया है कि साहिल को छोड़कर
गहरे समंदरों में उतर जाना चाहिए

अब रफ़्तगाँ[2] की बात नहीं कारवाँ की है
जिस सिम्त[3] भी हो गर्दे-सफ़र जाना चाहिए

कुछ तो सबूते-ख़ूने-तमन्ना कहीं मिले
है दिल तही[4] तो आँख को भर जाना चाहिए

या अपनी ख़्वाहिशों को मुक़द्दस[5] न जानते
या ख़्वाहिशों के साथ ही मर जाना चाहिए

---

1. मुराद मिलनेवाला कूचा 2. जा चुके लोगो 3. दिशा 4. ख़ाली 5. पवित्र

ऐसे चुप हैं कि यह मंज़िल भी कड़ी हो जैसे
तेरा मिलना भी जुदाई की घड़ी हो जैसे

अपने ही साये से हर गाम[1] लरज़ जाता हूँ
रास्ते में कोई दीवार खड़ी हो जैसे

कितने नादाँ हैं तेरे भूलने वाले कि तुझे
याद करने के लिए उम्र पड़ी हो जैसे

तेरे माथे की शिकन[2] पहले भी देखी थी मगर
यह गिरह अब के मेरे दिल में पड़ी हो जैसे

मंज़िलें दूर भी हैं मंज़िलें नज़दीक भी हैं
अपने ही पाँव में ज़ंजीर पड़ी हो जैसे

आज दिल खोल के रोए हैं तो यों ख़ुश हैं 'फ़राज़'
चंद लम्हों की यह राहत भी बड़ी हो जैसे

---

1. रास्ता 2. सिलवट

बदन में आग है चेहरा गुलाब जैसा है
कि ज़हरे-ग़म का नशा भी शराब जैसा है

वो सामने है मगर तिश्नगी[1] नहीं जाती
यह क्या सितम है कि दरिया सराब[2] जैसा है

कहाँ वो क़ुर्ब[3] कि अब तो ये हाल है जैसे
तेरे फ़िराक़[4] का आलम भी ख़्वाब जैसा है

मगर कभी कोई देखे कोई पढ़े तो सही
दिल आईना है तो चेहरा गुलाब जैसा है

बहारे-ख़ूँ से चमन-ज़ार[5] बन गए मक़तल[6]
जो नख़्ले-दार[7] है शाख़े-गुलाब जैसा है

'फ़राज़' संगे-मलामत[8] से ज़ख़्म-ज़ख़्म सही
हमें अज़ीज़ है ख़ाना-ख़राब जैसा है

---

1. प्यास 2. मृगमरीचिका 3. नज़दीकी 4. जुदाई 5. गुलशन 6. वधस्थल 7. सूली का पेड़
8. गालियों के पत्थर

अपनी मुहब्बत के अफ़साने कब तक राज़ बनाओगे
रुसवाई से डरनेवालो बात तुम्हीं फैलाओगे

उसका क्या है तुम न सही तो चाहनेवाले और बहुत
तर्के-मुहब्बत[1] करनेवालो ! तुम तन्हा रह जाओगे

हिज्र के मारों की ख़ुश-फ़हमी ! जाग रहे हैं पहरों से
जैसे यों शब कट जाएगी जैसे तुम आ जाओगे

ज़ख़्मे-तमन्ना का भर जाना गोया[2] जान से जाना है
उसका भुलाना सह्ल नहीं है ख़ुद को भी याद आओगे

छोड़ो अहदे-वफ़ा[3] की बातें क्यों झूठे इक़रार करें
कल मैं भी शर्मिंदा हूँगा कल तुम भी पछताओगे

रहने दो यह पिंदो[4]-नसीहत हम भी 'फ़राज़' से वाक़िफ़ हैं
जिसने ख़ुद सौ ज़ख़्म सहे हों उसको क्या समझाओगे

---

1. प्रेम-विच्छेद 2. जैसे 3. वफ़ा का प्रण 4. उपदेश

नज़र बुझी तो करिश्मे भी रोज़ो-शब के गए
कि अब तलक नहीं आए हैं लोग जब के गए

सुनेगा कौन तेरी बेवफ़ाइयों का गिला
यही है रस्मे-ज़माना तो हम भी अब के गए

मगर किसी ने हमें हमसफ़र नहीं जाना
ये और बात कि हम साथ-साथ सब के गए

अब आए हो तो यहाँ क्या है देखने के लिए
ये शहर कब से है वीराँ वो लोग कब के गए

गिरफ़्ता दिल[1] थे, मगर हौसला न हारा था
गिरफ़्ता दिल हैं, मगर हौसले भी अब के गए

तुम अपनी शमए-तमन्ना को रो रहे हो 'फ़राज़'
इन आँधियों में तो प्यारे चराग़ सब के गए

1. दिल की पकड़ में

तू पास भी हो तो दिल बेक़रार अपना है
कि हमको तेरा नहीं इंतज़ार अपना है

मिले कोई भी तेरा ज़िक्र छेड़ देते हैं
कि जैसे सारा जहाँ राज़दार अपना है

वह दूर हो तो बजा तर्के-दोस्ती[1] का ख़याल
वह सामने हो तो कब इख़्तियार अपना है

ज़माने भर के दुखों को लगा लिया दिल से
इस आसरे पे कि एक ग़मगुसार अपना है

बला से जाँ का ज़ियाँ[2] हो इस एतमाद[3] की ख़ैर
वफ़ा करे न करे फिर भी यार अपना है

'फ़राज़' राहते-जाँ[4] भी वही है क्या कीजे
वह जिसके हाथ से सीना फ़िगार[5] अपना है

---

1. दोस्ती का त्याग 2. जान की हानि 3. विश्वास 4. सुखदायी 5. ज़ख़्मी

ज़ुल्फ़ रातों-सी है रंगत है उजालों जैसी
पर तबीयत है वही भूलनेवालों जैसी

इक ज़माने की रिफ़ाक़त[1] पे भी रम-ख़ुर्दा[2] है
उस कम-आमेज़[3] की ख़ू-बू[4] है ग़िज़ालों[5] जैसी

ढूँढ़ता फिरता हूँ लोगों में शबाहत उसकी
कि वो ख़्वाबों में भी लगती है ख़यालों जैसी

किस दिल-आज़ार मुसाफ़त[6] से मैं लौटा हूँ कि है
आँसुओं में भी तपक पाँव के छालों जैसी

उसकी बातें भी दिल-आवेज़ हैं सूरत की तरह
मेरी सोचें भी परीशाँ मेरे बालों जैसी

उसकी आँखों को कभी ग़ौर से देखा है 'फ़राज़'
रोनेवालों की तरह जागनेवालों जैसी

---

1. दोस्ती 2. वहशत खानेवाला 3. कम मेल-जोल वाला 4. प्रकृति 5. हिरनों 6. यात्रा

फिर उसी रहगुज़ार पर शायद
हम कभी मिल सकें मगर शायद

जिनके हम मुंतज़िर रहे उनको
मिल गए और हमसफ़र शायद

जान-पहचान से भी क्या होगा
फिर भी ऐ दोस्त ग़ौर कर ! शायद

अजनबियत की धुंध छट जाए
चमक उट्ठे तेरी नज़र शायद

ज़िंदगी भर लहू रुलाएगी
यादे-याराने-बेख़बर शायद

जो भी बिछड़े वो कब मिले हैं 'फ़राज़'
फिर भी तू इंतज़ार कर शायद

जो रंजिशें थीं जो दिल में गुबार था न गया
कि अबकी बार गले मिल के भी गिला न गया

अब उसके वादा-ए-फ़र्दा[1] को भी तरसते हैं
कल उसकी बात पे क्यूँ एतबार आ न गया

अब उसके हिज्र[2] में रोएँ न वस्ल[3] में ख़ुश हों
वो दोस्त हो भी तो समझो कि दोस्ताना गया

निगाहे-यार का क्या है, हुई हुई न हुई
ये दिल का दर्द है प्यारे गया गया, न गया

सभी को जान थी प्यारी सभी थे लब-बस्ता[4]
बस इक 'फ़राज़' था ज़ालिम से चुप रहा न गया

---

1. कल का वादा 2. विरह 3. मिलन 4. होंठ बंद किए

तुम भी ख़फ़ा हो लोग भी बरहम हैं दोस्तो
अब हो चला यक़ीं कि बुरे हम हैं दोस्तो

किसको हमारे हाल से निस्बत[1] है, क्या कहें
आँखें तो दुश्मनों की भी पुरनम[2] हैं दोस्तो

अपने सिवा हमारे न होने का ग़म किसे
अपनी तलाश में तो हमीं हम हैं दोस्तो

कुछ आज शाम ही से है दिल भी बुझा-बुझा
कुछ शह्र के चराग़ भी मद्धिम हैं दोस्तो

इस शह्रे-आरज़ू से भी बाहर निकल चलो
अब दिल की रौनक़ें भी कोई दम हैं दोस्तो

सब कुछ सही 'फ़राज़' पर इतना ज़रूर है
दुनिया में ऐसे लोग बहुत कम हैं दोस्तो

---

1. लगाव 2. गीली

दर्द की राहें नहीं आसाँ ज़रा आहिस्ता चल
ऐ सुबुकरौ[1]-ए-हरीफ़े-जाँ[2] ज़रा आहिस्ता चल

मंज़िलों पर कुरब[3] का नश्शा (नशा) हवा हो जाएगा
हमसफ़र वो है तो ऐ नादाँ ज़रा आहिस्ता चल

ना-मुरादी[4] की थकन से जिस्म पत्थर हो गया
अब सकत[5] कैसी दिले वीराँ ज़रा आहिस्ता चल

हर थका हारा मुसाफ़िर रेत की दीवार है
ऐ हवाए-मंज़िले-जानाँ ज़रा आहिस्ता चल

इस नगर में जुल्फ का साया न दामन की हवा
ऐ गरीबे शहरे ना-पुरसा[6] ज़रा आहिस्ता चल

आबला पा तुझको किस हसरत से तकते हैं 'फ़राज़'
कुछ तो ज़ालिम पासे-हमराहाँ[7] ज़रा आहिस्ता चल

---

1. नाज़ुक 2. जान का दुश्मन 3. नजदीकी 4. नाकामी 5. शक्ति 6. हाल न पूछने वाला
7. साथ चलने वाला

यह जो नश्शे हैं सफ़र के न उतर जाएँ कहीं
कोई मंज़िल न सही सामने पर जाएँ कहीं

उसकी महफ़िल न सही हिज्र का सहरा ही सही
ख़्वाबो-ख़ुशबू की तरह आओ बिखर जाएँ कहीं

तुझको यह दुख कि मेरी चारागरी[1] कैसे हो
मुझको यह ग़म है मेरे ज़ख़्म न भर जाएँ कहीं

इस ख़ला[2] में तो ज़मीं टूट के याद आती है
कोई कुल्ज़िम[3] हो कि दलदल हो उतर जाएँ कहीं

घर से निकले थे कि दुनिया ने पुकारा था 'फ़राज़'
अब जो फ़ुर्सत मिले दुनिया से तो घर जाएँ कहीं

---

1. इलाज 2. अंतरिक्ष 3. समुद्र

अब वो झोंके कहाँ सबा जैसे
आग है शहर की हवा जैसे

शब सुलगती है दोपहर की तरह
चाँद, सूरज से जल बुझा जैसे

मुद्दतों बाद भी यह आलम है
आज ही तू जुदा हुआ जैसे

इस तरह मंज़िलों से हूँ महरूम[1]
मैं शरीके-सफ़र[2] न था जैसे

अब भी वैसी है दूरि-ए-मंज़िल
साथ चलता हो रास्ता जैसे

इत्तफ़ाक़न भी ज़िंदगी में 'फ़राज़'
दोस्त मिलते नहीं 'ज़िया'[3] जैसे

---

1. अभावग्रस्त 2. साथी 3. ज़ियाउद्दीन 'ज़िया'

अजीब रुत थी कि हर चंद पास था वह भी
बहुत मलूल[1] था मैं भी उदास था वह भी

किसी के शहर में की गुफ़्तगू हवाओं से
यह सोचकर कि कहीं आसपास था वह भी

हम अपने ज़ोम में ख़ुश थे कि उसको भूल चुके
मगर गुमान था यह भी क़यास[2] था वह भी

कहाँ का अब ग़मे-दुनिया कहाँ का अब ग़मे-जाँ
वो दिन भी थे कि हमें यह भी रास था वह भी

'फ़राज़' तेरे गिरेबाँ[3] पे कल जो हँसता था
उसे मिले तो दरीदा-लिबास[4] था वह भी

---

1. परेशान 2. अंदाज़ा 3. फटा गिरेबान इश्क़ अर्थात् व्यवस्था-विरोध का एक रूप माना जाता है 4. फटा लिबास

कठिन है राहगुज़र थोड़ी दूर साथ चलो
बहुत कड़ा है सफ़र थोड़ी दूर साथ चलो

तमाम उम्र कहाँ कोई साथ देता है
यह जानता हूँ मगर थोड़ी दूर साथ चलो

नशे में चूर हूँ मैं भी तुम्हें भी होश नहीं
बड़ा मज़ा हो अगर थोड़ी दूर साथ चलो

यह एक शब की मुलाक़ात भी ग़नीमत है
किसे है कल की ख़बर थोड़ी दूर साथ चलो

अभी तो जाग रहे हैं चराग़ राहों के
अभी है दूर सहर थोड़ी दूर साथ चलो

तवाफ़े-मंज़िले-जानाँ[1] हमें भी करना है
'फ़राज़' तुम भी अगर थोड़ी दूर साथ चलो

---

1. महबूब के घर का चक्कर

कहा था किसने तुझे आबरू गँवाने जा
'फ़राज़' और उसे हाले-दिल सुनाने जा

कल एक फ़क़ीर ने किस सादगी से मुझसे कहा
तेरी जबीं[1] को भी तरसेंगे आस्ताने[2] जा

उसे भी हमने गँवाया तेरी ख़ुशी के लिए
तुझे भी देख लिया है अरे ज़माने जा

बहुत है दौलते-पिंदार[3] फिर भी दीवाने
जो तुझसे रूठ चुका है उसे मनाने जा

सुना है उसने स्वयंवर की रस्म ताज़ा की
'फ़राज़' तू भी मुक़द्दर को आज़माने जा

---

1. माथे 2. मज़ार 3. घमण्ड की दौलत

करूँ न याद मगर किस तरह भुलाऊँ उसे
ग़ज़ल बहाना करूँ और गुनगुनाऊँ उसे

वो खार-खार हैं शाखे गुलाब की मानिन्द[1]
मैं ज़ख़्म ज़ख़्म हूँ फिर भी गले लगाऊँ उसे

ये लोग तज़किरे[2] करते हैं अपने लोगों के
मैं कैसे बात करूँ और कहाँ से लाऊँ उसे

जो हमसफ़र सरे मंज़िल बिछड़ रहा है 'फ़राज़'
अजब नहीं कि अगर याद भी न आऊँ उसे

---

1. तरह 2. चर्चा

आँख से दूर न हो दिल से उतर जाएगा
वक़्त का क्या है गुज़रता है गुज़र जाएगा

इतना मानूस[1] न हो ख़िलवते-ग़म[2] से अपनी
तू कभी ख़ुद को भी देखेगा तो डर जाएगा

डूबते-डूबते कश्ती को उछाला दे दूँ
मैं नहीं कोई तो साहिल पे उतर जाएगा

ज़िंदगी तेरी अता है तो यह जानेवाला
तेरी बख़्शिश तेरी दहलीज़ पे धर जाएगा

ज़ब्त लाज़िम है मगर दुख है क़यामत का 'फ़राज़'
ज़ालिम अब के भी न रोएगा तो मर जाएगा

1. परिचित 2. ग़म की तनहाई

दिल-गिरफ़्ता[1] ही सही बज़्म सजा ली जाए
यादे-जानाँ से कोई शाम न ख़ाली जाए

रफ़्ता-रफ़्ता यही ज़िंदाँ[2] में बदल जाते हैं
अब किसी शह्र की बुनियाद न डाली जाए

मुस्हफ़े-रुख़[3] है किसी का कि बयाज़े-हाफ़िज़[4]
ऐसे चेहरे से कभी फ़ाल[5] निकाली जाए

वो मुरव्वत[6] से मिला है तो झुका दूँ गरदन
मेरे दुश्मन का कोई वार न ख़ाली जाए

बे-नवा[7] शह्र का साया है मेरे दिल पे 'फ़राज़'
किस तरह से मेरी आशुफ़्ता-ख़याली[8] जाए

---

1. उदास 2. जेल 3. चेहरे की किताब 4. फ़ारसी कवि 'हाफ़िज़' का दीवान 5. कोई काम करने से पहले शुभ-अशुभ जानने के लिए 'हाफ़िज़' के दीवान से फ़ाल निकाली जाती है 6. भलमनसाहत 7. शब्द-हीन 8. दीवानगी

जब भी दिल खोल के रोए होंगे
लोग आराम से सोए होंगे

बाज़ औक़ात[1] ब-मजबूरि-ए-दिल
हम तो क्या आप भी रोए होंगे

सुब्ह तक दस्ते-सबा ने क्या क्या
फूल काँटों में पिरोए होंगे

वो सफ़ीने जिन्हें तूफ़ाँ न मिले
नाख़ुदाओं[2] ने डुबोए होंगे

रात-भर हँसते हुए तारों ने
उनके आरिज़[3] भी भिगोए होंगे

क्या अजब है वो मिले भी हों 'फ़राज़'
हम किसी ध्यान में खोए होंगे

---

1. कभी-कभी 2. मल्लाहों 3. गाल

इन्हीं ख़ुश-गुमानियों में कहीं जाँ से भी न जाओ
वो जो चारागर नहीं है उसे ज़ख़्म क्यों दिखाओ

ये उदासियों के मौसम यों ही रायगाँ[1] न जाएँ
किसी याद को पुकारो किसी दर्द को जगाओ

वो कहानियाँ अधूरी जो न हो सकेंगी पूरी
उन्हें मैं भी क्यों सुनाऊँ उन्हें तुम भी क्यों सुनाओ

ये जुदाइयों के रस्ते बड़ी दूर तक गए हैं
जो गया वह फिर न आया मेरी बात मान जाओ

किसी बेवफ़ा की ख़ातिर यह जुनूँ 'फ़राज़' कब तक
जो तुम्हें भुला चुका है उसे तुम भी भूल जाओ

---

1. बेकार

न दिल से आह न लब से सदा[1] निकलती है
मगर ये बात बड़ी दूर जा निकलती है

सितम तो यह है कि अहदे-सितम[2] के जाते ही
तमाम ख़ल्क़[3] मेरी हमनवा[4] निकलती है

विसाले-बह्र[5] की हसरत में जू-ए-कम-माया[6]
कभी-कभी किसी सहरा में जा निकलती है

मैं क्या करूँ मेरे क़ातिल न चाहने पर भी
तेरे लिए मेरे दिल से दुआ निकलती है

वो ज़िंदगी हो कि दुनिया 'फ़राज़' क्या कीजे
कि जिससे इश्क़ करो बेवफ़ा निकलती है

---

1. आवाज़ 2. अत्याचार का युग 3. जनता 4. साथ बोलनेवाली 5. समुद्र से मिलन 6. मामूली नहर

दौलते-दर्द को दुनिया से छुपाकर रखना
आँख में बूँद न हो दिल में समंदर रखना

कल गए गुज़रे ज़मानों का ख़याल आएगा
आज इतना भी न रातों को मुनव्वर[1] रखना

अपनी आशुफ़्ता मिज़ाजी पे हँसी आती है
दुश्मनी संग से और काँच के पैकर रखना

आस कब दिल को नहीं थी तेरे आ जाने की
पर न ऐसी कि क़दम घर से न बाहर रखना

ज़िक्र उसका सही बज़्म में बैठे हो 'फ़राज़'
दर्द कैसा ही उठे हाथ न दिल पर रखना

1. रौशन

दिल को अब यों तेरी हर एक अदा लगती है
जिस तरह नश्शे की हालत में हवा लगती है

रत-जगे ख़्वाबे-परेशाँ से कहीं बहतर हैं
लरज़ उठता हूँ अगर आँख ज़रा लगती है

ऐ रगे-जाँ के मकीं[1] तू भी कभी ग़ौर से सुन
दिल की धड़कन तेरे क़दमों की सदा लगती है

गो दुखी दिल को बहुत हमने बचाया फिर भी
जिस जगह ज़ख़्म हो वाँ चोट सदा लगती है

शाख़े-उम्मीद पे खिलते हैं तलब के गुंचे
या किसी शोख़ के हाथों में हिना लगती है

तेरा कहना कि हमीं रौनक़े-महफ़िल हैं 'फ़राज़'
गो तअल्ली[2] है मगर बात ख़ुदा-लगती[3] है

---

1. निवासी 2. अतिशयोक्ति 3. सच्ची

चलो उसी से कहें दिल का हाल जो भी हो
वह चारागर तो है उसको ख़याल जो भी हो

उसी के दर्द से मिलते हैं सिलसिले जाँ के
उसी के नाम लगा दो मलाल जो भी हो

मरे न हार के हम 'क़ैसो'-'कोहकन' की तरह
अब आशिक़ी में हमारी मिसाल जो भी हो

ये रहगुज़र पे जो शमएँ दमकती जाती हैं
उसी का क़ामते-ज़ेबा[1] है चाल जो भी हो

'फ़राज़' उसने वफ़ा की कि बेवफ़ाई की
जवाबदेह तो हमीं हैं सवाल जो भी हो

---

1. अच्छा क़द

क़ुर्बतों में भी जुदाई के ज़माने माँगे
दिल वह बे-महर[1] कि रोने के बहाने माँगे

हम न होते तो किसी और के चर्चे होते
ख़लक़ते-शह्‌र तो कहने को फ़साने माँगे

यही दिल था कि तरसता था मरासिम के लिए
अब यही तर्के-तआल्लुक़[2] के बहाने माँगे

अपना यह हाल कि जी हार चुके लुट भी चुके
और मुहब्बत वही अंदाज़ पुराने माँगे

ज़िंदगी हम तेरे दाग़ों से रहे शर्मिंदा
और तू है कि सदा आईना-ख़ाने[3] माँगे

दिल किसी हाल पे 'क़ाने'[4] ही नहीं जाने-'फ़राज़'[5]
मिल गए तुम भी तो क्या और न जाने माँगे

---

1. प्रेम न करनेवाला 2. संबंध विच्छेद 3. आईनों का घर 4. संतुष्ट 5. फ़राज़ की जान

लगा के ज़ख़्म बदन पर क़बाएँ देता है
यह शहरयार[1] भी क्या-क्या सज़ाएँ देता है

तमाम शहर है मक़तल उसी के हाथों से
तमाम शहर उसी को दुआएँ देता है

कभी तो हमको भी बख़्शे वो अब्र का टुकड़ा
जो असमान को नीली रिदाएँ[2] देता है

जुदाइयों के ज़माने फिर आ गए शायद
कि दिल अभी से किसी को सदाएँ देता है

1. बादशाह 2. चादरें

ख़ामोश हो क्यों दादे-जफ़ा[1] क्यों नहीं देते
बिस्मिल[2] हो तो क़ातिल को दुआ क्यों नहीं देते

वहशत का सबब रौशने-ज़िंदाँ[3] तो नहीं है
महरो-महो-अंजुम[4] को बुझा क्यों नहीं देते

एक यह भी तो अंदाज़े-इलाजे-ग़मे-जाँ है
ऐ चारागरो[5], दर्द बढ़ा क्यों नहीं देते

मुंसिफ़[6] हो अगर तुम तो कब इंसाफ़ करोगे ?
मुजरिम हैं अगर हम तो सज़ा क्यों नहीं देते ?

रहज़न हो तो हाज़िर है मताए-दिलो-जाँ[7] भी
रहबर हो तो मंज़िल का पता क्यों नहीं देते

क्या बीत गई अब के 'फ़राज़' अहले-चमन पर
याराने-क़फ़स[8] मुझको सदा क्यों नहीं देते

---

1. अत्याचार का विरोध 2. ज़ख़्मी 3. कारावास का रौशनदान 4. सूरज-चाँद-सितारे 5. उपचारको 6. न्यायप्रिय 7. दिलोजान की दौलत 8. साथी क़ैदी

दिल तो वह बर्गे-ख़िज़ाँ[1] है कि हवा ले जाए
ग़म वह आँधी है कि सहरा[2] भी उड़ा ले जाए

कौन लाया तेरी महफ़िल में हमें होश नहीं
कोई आए तेरी महफ़िल से उठा ले जाए

और से और हुए जाते हैं मेयारे-वफ़ा[3]
अब मता-ए-दिलो-जाँ[4] भी कोई क्या ले जाए

जाने कब उभरे तेरी याद का डूबा हुआ चाँद
जाने कब ध्यान कोई हमको उड़ा ले जाए

यही आवारगि-ए-दिल है तो मंज़िल मालूम
जो भी आए तेरी बातों में लगा ले जाए

दश्ते-गुर्बत[5] में तुम्हें कौन पुकारेगा 'फ़राज़'
चल पड़ो ख़ुद ही जिधर दिल की सदा ले जाए

---

1. पतझड़ का पत्ता 2. रेगिस्तान 3. वफ़ा का मापदण्ड 4. दिल व जान की दौलत 5. घर से दूर जंगल

जब तेरी याद के जुगनू चमके
देर तक आँख में आँसू चमके

सख़्त तारीक[1] है दिल की दुनिया
ऐसे आलम[2] में अगर तू चमके

हमने देखा सरे-बाज़ारे-वफ़ा
कभी मोती कभी आँसू चमके

शर्त है शिद्दते-एहसासे-जमाल[3]
रंग तो रंग है ख़ुशबू चमके

आँख मजबूरे-तमाशा है 'फ़राज़'
एक सूरत है कि हर सू[4] चमके

---

1. अँधेरी 2. हालत 3. सौंदर्य-बोध 4. दिशा में

दश्ते-नामुरादी[1] में साथ कौन था किसके
मर्सिये[2] सुनाती है शह्र की हवा किसके

हम तो कल नहीं होंगे देखना कि महफ़िल में
अब सुख़न सुनाता है यारे-बेवफ़ा किसके

अह्दे-हिज्र[3] में यारो सबके हौसले मालूम
दिल पे हाथ था किसका, लब पे थी दुआ किसके

कल सलीबगर[4] जो था, कल सलीब पर जो था
आज नामलेवा हैं लोग जा-ब-जा[5] किसके

अब 'फ़राज़' तुझ पर भी एतबार क्या कीजे
इंतज़ार था किसका, साथ चल पड़ा किसके

1. नामुरादी का रेगिस्तान 2. शोकगीत 3. विरह के युग 4. सूली बनानेवाला 5. जगह-जगह

तुझे उदास किया ख़ुद भी सोगवार हुए
हम आप अपनी मुहब्बत से शर्मसार हुए

बला की रौ थी, नदीमाने-आबला-पा[1] की
पलट के देखना चाहा कि ख़ुद गुबार[2] हुए

गिला उसी का किया जिससे तुझपे हर्फ़ आया[3]
वगर्ना यों तो सितम हम पे बे-शुमार हुए

यह इंतक़ाम भी लेना था ज़िंदगी को अभी
जो लोग दुश्मने-जाँ थे वो ग़मगुसार[4] हुए

हज़ार बार किया तर्के-दोस्ती[5] का ख़याल
मगर 'फ़राज़' पशेमाँ[6] हर एक बार हुए

1. पाँवों में छालों वाले दोस्त 2. धूल 3. इल्ज़ाम आया 4. ग़म बाँटनेवाले 5. दोस्ती छोड़ना 6. शर्मिंदा

मुस्तक़िल महरूमियों[1] पर भी तो दिल माना नहीं
लाख समझाया कि उस महफ़िल में अब जाना नहीं

ख़ुदफ़रेबी ही सही क्या कीजिए दिल का इलाज
तू नज़र फेरे तो हम समझें कि पहचाना नहीं

एक दुनिया मुंतज़िर है और तेरी बज़्म में
इस तरह बैठे हैं हम जैसे कहीं जाना नहीं

जी में जो आती है कर गुज़रो कहीं ऐसा न हो
कल पशेमाँ[2] हों कि क्यों दिल का कहा माना नहीं

जिंदगी पर इससे बढ़कर तंज़ क्या होगा 'फ़राज़'
उसका यह कहना कि तू शायर है दीवाना नहीं

---

1. नाकामी 2. शर्मिंदा

ऐ ख़ुदा आज उसे सबका मुक़द्दर कर दे
वो मुहब्बत कि जो इनसाँ को पयंबर[1] कर दे

सानिहे[2] वो थे कि पथरा गईं आँखें मेरी
ज़ख़्म ये हैं तो मेरे दिल को भी पत्थर कर दे

सिर्फ़ आँसू ही अगर दस्ते-करम[3] देता है
मेरी उजड़ी हुई आँखों को समंदर कर दे

मुझको साक़ी से गिला है तो तुनक-बख़्शी[4] का
ज़हर भी दे तो मेरे जाम को भर-भर कर दे

शौक़[5] अंदेशों[6] से पागल हुआ जाता है 'फ़राज़'
काश ये ख़ानाख़राबी[7] मुझे बेदर कर दे

---

1. पैग़ंबर 2. दुर्घटनाएँ 3. कृपा का हाथ 4. कम देना 5. इश्क़ 6. आशंकाओं 7. घर की बरबादी

यूँ तो कहने को बहुत लोग शनासा मेरे
कहाँ ले जाऊँ तुझे ऐ दिले-तनहा मेरे

वही महदूद[1] सा हलक़ा[2] है शनासाई का
यही अहबाब मेरे हैं, यही आदा[3] मेरे

मैं तही-कासा[4]-ओ-लबतिश्ना[5] रहूँगा कब तक
तेरे होते हुए ऐ साहिबे-दरिया मेरे

मुझको इस अब्रे-बहारी[6] से है कब की निस्बत[7]
पर मुक़द्दर में वही प्यास के सहरा[8] मेरे

दीद[9]-ओ-दिल तो तिरे साथ हैं ऐ जाने 'फ़राज़'
अपने हमराह मगर ख़्वाब न ले जा मेरे

---

1. सीमित 2. दायरा 3. दुश्मन 4. ख़ाली प्याला 5. प्यासा 6. बहार का बादल 7. लगाव
8. रेगिस्तान 9. दृष्टि

नज़र की धूप में साये घुले हैं शब की तरह
मैं कब उदास नहीं था मगर न अब की तरह

फिर आज शहूरे-तमन्ना की रह-गुज़ारों से !
गुज़र रहे हैं कई लोग रोज़ो-शब[1] की तरह

तुझे तो मैंने बड़ी आरज़ू से चाहा था
यह क्या कि छोड़ चला तू भी और सब की तरह

फ़सुर्दगी[2] है मगर वजहे-ग़म नहीं मालूम
कि दिल पे बोझ-सा है रंजे-बे-सबब की तरह

खिले तो अब के भी गुलशन में फूल हैं लेकिन
न मेरे ज़ख़्म की सूरत, न तेरे लब की तरह

---

1. रात-दिन 2. उदासी

शोला था जल बुझा हूँ, हवाएँ मुझे न दो
मैं कब का जा चुका हूँ, सदाएँ[1] मुझे न दो

जो ज़हर पी चुका हूँ तुम्हीं ने मुझे दिया
अब तुम तो ज़िंदगी की दुआएँ मुझे न दो

यह भी बड़ा करम है सलामत है जिस्म अभी
ऐ ख़ुसरवाने-शहर[2], क़बाएँ[3] मुझे न दो

ऐसा न हो कभी कि पलटकर न आ सकूँ
हर बार दूर जा के सदाएँ मुझे न दो

कब मुझको एतराफ़े-मुहब्बत[4] न था 'फ़राज़'
कब मैंने ये कहा था, सज़ाएँ मुझे न दो

---

1. आवाज़ें 2. शहर के बादशाहो 3. सम्मानित लिबास 4. प्रेम का स्वीकार

रातें हैं उदास दिन कड़े हैं
ऐ दिल तेरे हौसले बड़े हैं

ऐ यादे-हबीब[1] साथ देना
कुछ मरहले[2] सख़्त आ पड़े हैं

रुकना हो अगर तो सौ बहाने
जाना हो तो रास्ते बड़े हैं

अब कैसे बताएँ वज्हे-गिरिया[3]
जब आप भी साथ रो पड़े हैं

अब जाने कहाँ नसीब ले जाए
घर से तो 'फ़राज़' चल पड़े हैं

---

1. दोस्त की याद 2. चरण 3. रोने का कारण

जान की परवाह फिर किसको हो क़ातिल जब हो यारों सा
बातें हों दिलदारों जैसी, लहजा हो ग़मख़्वारों[1] सा

किसने कहा था बरखा रुत में यूँ बे-ध्यान अनजान फिरो
बूँद पड़े से और भी जैसे भड़के जिस्म अंगारों सा

आते-जाते सारे मौसम उससे निस्बत[2] रखते हैं
उसका हिज्र ख़िज़ाओं जैसा, उसका क़ुर्ब बहारों सा

अब के हवाएँ यूँ चलती हैं जैसे दिलों पर तीर चलें
अब के गुलाबों का मौसम भी वार करे तलवारों सा

बरसों बाद 'फ़राज़' को देखा, उसका हाल-अहवाल न पूछ
शे'र वही दिलवालों जैसे, शग़ल[3] वही बंजारों सा

1. हमदर्दों 2. लगाव 3. शौक़

ये जानकर भी कि दोनों के रास्ते थे अलग
अजीब हाल था जब उससे हो रहे थे अलग

ये हर्फ़ो-लफ़्ज़ हैं दुनिया से गुफ़्तगू के लिए
किसी से हमसुख़नी[1] के मकालमे[2] थे अलग

ख़याल उनका भी आया कभी तुझे जानाँ
जो तुझसे दूर, बहुत दूर जी रहे थे अलग

हमीं नहीं थे, हमारी तरह के और भी लोग
अज़ाब[3] में थे जो दुनिया से सोचते थे अलग

अकेलेपन की अज़ीयत[4] का अब गिला कैसा
'फ़राज़' ख़ुद ही तो औरों से हो गए थे अलग

---

1. बातचीत 2. संवाद 3. यातना 4. यंत्रणा

मैं कि, पुर-शोर समंदर थे मेरे पाँवों में
अब के डूबा हूँ तो सूखे हुए दरियाओं में

नामुरादी का यह आलम है कि अब याद नहीं
तू भी शामिल था कभी मेरी तमन्नाओं में

दिन के ढलते ही उजड़ जाती हैं आँखें ऐसे
जिस तरह शाम को बाज़ार किसी गाँव में

चाके-दिल[1] सी कि न सी, ज़ख़्म की तौहीन न कर
ऐसे क़ातिल तो न थे मेरे मसीहाओं में

ज़िक्र उस ग़ैरते-मरियम[2] का जब आता है 'फ़राज़'
घंटियाँ बजती हैं लफ़्ज़ों के कलीसाओं[3] में

---

1. दिल का ज़ख़्म 2. पवित्र मैरी से भी पवित्र 3. चर्च

मेरा ही रंग परीदा[1] हर इक नज़र में रहा
वगर्ना[2] दर्द का मौसम तो शहर भर में रहा

किसी को घर से निकलते ही मिल गई मंज़िल
कोई हमारी तरह उम्र भर सफ़र में रहा

बहुत से लोग थे, घुल-मिल के सबसे बातें कीं
वो जिसको मैंने न देखा मेरी नज़र में रहा

कुछ इस तरह से गुज़ारी है ज़िंदगी जैसे
तमाम उम्र किसी दूसरे के घर में रहा

विदा-ए-यार का मंज़र[3] 'फ़राज़' याद नहीं
बस एक डूबता सूरज मेरी नज़र में रहा

1. उड़ा हुआ 2. वर्ना 3. दृश्य

कुछ न किसी से बोलेंगे
तन्हाई में रो लेंगे

हम बे-राह-रवों का क्या
साथ किसी के हो लेंगे

ख़ुद तो हुए रुसवा[1] लेकिन
तेरे भेद न खोलेंगे

जीवन ज़हर भरा सागर
कब तक अमृत घोलेंगे

हिज्र[2] की शब सोने वाले
हश्र[3] को आँखें खोलेंगे

1. बदनाम 2. जुदाई 3. महाप्रलय

कौन आता है मगर आस लगाए रखना
उम्र भर दर्द की शमओं को जलाए रखना

दोस्त पुर्सिश[1] पे मुसिर[2] और हमारा शेवा[3]
अपने अहवाल[4] को ख़ुद से भी छुपाए रखना

हमको उस नाम ने मारा कि जहाँ भी जाएँ
ख़लक़ते-शहर ने तूफ़ान उठाए रखना

इस चकाचौंध में आँखें भी गँवा बैठोगे
उसके होते हुए पलकों को झुकाए रखना

---

1. हाल पूछने 2. ज़ोर देना 3. तौर 4. हालात

हैरान हूँ ख़ुद को देखकर मैं
ऐसा तो नहीं था उम्र भर मैं

वो जिन्दादिली कहाँ गई है
हँसता था जब अपने हाल पर

आदाबे-जुनूने-आशिक़ी से
ऐसा भी नहीं था बेख़बर मैं

ऐसे बेवतनी गवाह रहना
हरचन्द फिरा हूँ दरबदर मैं

सय्याद-परस्त जो भी समझें
ज़िन्दाँ[1] को समझ सका न घर मैं।

गौतम की तरह रिषि नहीं था
लेकिन निकला हूँ तज के घर मैं।

1. कैदखाना

क़ुर्बत[1] भी नहीं दिल से उतर भी नहीं जाता
वो शख़्स कोई फैसला कर भी नहीं जाता

वो राहते जाँ है मगर इस दरबदरी[2] में
ऐसा है कि अब ध्यान उधर भी नहीं जाता

आँखें हैं कि खाली नहीं रहती हैं लहू से
और ज़ख्मे जुदाई है फिर भर भी नहीं जाता

दिल को तेरी चाहत पे भरोसा भी बहुत है
और तुझ से बिछड़ जाने का डर भी नहीं जाता

पागल हुए जाते हो 'फराज़' उससे मिले क्या
इतनी सी खुशी से कोई मर भी नहीं जाता।

---

1. घनिष्ठता 2. इधर-उधर भटकना

जहाँ भी जाना तो आँखों में ख़्वाब भर लाना
ये क्या कि दिल को हमेशा उदास कर लाना

मैं बर्फ़ बर्फ़ रुतों में चला तो उसने कहा
पलट के आना तो कश्ती में धूप भर लाना

भली लगी हमें खुशक़ामती[1] किसी की, मगर
नसीब में कहाँ इस सर्व[2] का समर[3] लाना

पयाम कैसा, मगर हो सके तो ऐ क़ासिद
कभी कोई ख़बरे-यारे-बेख़बर लाना

'फराज़' अब के जब आओ दयारे-जानाँ में
बजाए तोहफ़-ए-दिल, अरमग़ाने[4] सर लाना

---

1. लम्बा कद 2. एक लम्बा पेड़ 3. फल 4. उपहार

नाख़ुश हैं कभी बुत, कभी नाराज़ हरम[1] है
हम दिलज़दगाँ[2] का न .ख़ुदा है न सनम है।

तर्कश का गुमां होता है बिस्मिल के बदन पर
तीर इतने लगे जिस्म कमां की तरह ख़म[3] है।

ये कैसी रफाक़त[4] है न मिलना न बिछड़ना
ये कैसी वफ़ा है कि न र्तियाक[5] न सम है।

क्या मर्ग[6] मुहब्बत का हुआ रंज तुझे भी
ऐ ज़ूद फ़रामोश तेरी आँख भी नम है।

झेले हैं जो दुख तूने 'फराज़' अपनी जगह हैं
पर तुम पे जो गुज़री है वो औरों से कम है

---

1. काबा (मस्जिद) 2. दुखी दिल 3. झुका 4. दोस्ती 5. ज़हर 6. मृत्यु 7. अधिक भूलने वाला

ज़िन्दगी से यही गिला है मुझे
तू बहुत देर से मिला है मुझे

तू मुहब्बत से कोई चाल तो चल
हार जाने का हौसला है मुझे

दिल धड़कता नहीं तपकता है
कल जो ख़्वाहिश थी आबला[1] है मुझे

हमसफर चाहिए, हुजूम नहीं
इक मुसाफिर भी काफला है मुझे

कोहकन[2] हो कि क़ैस हो कि 'फराज़'
सब में इक शख़्स ही मिला है मुझे

---

1. ज़ख़्म 2. पहाड़ काटने वाला

साक़िया एक नज़र जान से पहले पहले
हम को जाना है कहीं शाम से पहले पहले

ख़ुश हो एक दिल कि मुहब्बत तो निभा दी तूने
लोग उजड़ जाते हैं अन्जाम से पहले पहले

अब तेरे ज़िक्र पे हम बात बदल देते हैं
कितनी रग़बत[1] थी तेरे नाम से पहले पहले

सामने उम्र पड़ी है शबे-तनहाई की
वो मुझे छोड़ गया शाम से पहले पहले

कितना अच्छा था कि हम भी जिया करते थे 'फराज़'
ग़ैर मारूफ़[2] से गुमनाम से पहले पहले

---

1. लगाव 2. जो प्रसिद्ध ना हो

दुख छुपाए हुए हैं हम दोनों
ज़ख़्म खाए हुए हैं हम दोनों

तू कभी चाँदनी थी धूप था मैं
अब तो साए हुए हैं हम दोनों

जैसे इक दूसरे से शर्मिन्दा
सर झुकाए हुए हैं हम दोनों

जैसे इक दूसरे की चाहत को
अब भुलाए हुए हैं हम दोनों

इश्क कैसा कहाँ का अहद 'फराज़'
घर बसाए हुए हैं हम दोनों

इक शब था वो मेहमान मेरा
कुछ और ही था जहान मेरा

थे सेहन में .ख़ुशबुओं के ख़ीमे
था रश्के-चमन मकान मेरा

वो शाख़ेगुलाब और उस पर
हर फूल था तर्जुमान[1] मेरा

वो चाँद था मेरे बाज़ुओं में
आगोश था आसमान मेरा

याद आता है अब उसका कहना
"मेरा शायर पठान मेरा"

अहमद से 'फराज़' हो चुका हूँ
पर ख़ुश नहीं ख़ानदान मेरा

---

1. अनुवादक

थे दिल जो तुझको बज़ाहिर भुला चुका भी है
कभी-कभी तेरे बारे में सोचता भी है।

गुज़र सके तो गुज़र जा शबे-फ़िराक़, कि हम
थके हुए भी हैं बरसों का रतजगा भी है।

दला मलाल न रख इससे तू कि वो ज़ालिम
नदीम सारे जहाँ का सही तेरा भी है।

ग़नीम[1] को मगर इसका नहीं है अन्दाज़ा
जो बे सिपर[2] तने-तन्हा है काफ़िला भी है।

'फराज़' शहरे-ग़ज़ल में कदम सुलूक से रख
कि इस में मीर सा, ग़ालिब सा खुशनवा भी है।

---

1. डाकू 2. तलवार

वो दुश्मने जाँ, जान से प्यारा भी कभी था
अब किस से कहें कोई हमारा भी कभी था।

उतरा है रगो–पै[1] में तो दिल कट सा गया है
ये ज़हरे-जुदाई कि गवारा भी कभी था।

तितली के ताक़्क़ुब[2] में कोई फूस सा बच्चा
ऐसा ही कोई ख्वाब हमारा भी कभी था।

अब अगले ज़माने के मिलें लोग तो पूछें
जो हाल हमारा है, तुम्हारा भी कभी था ?

हर बज़्म में हमने उसे अफ़सुर्दा[3] ही देखा
कहते हैं 'फराज़' अन्जुमन[4] आरा भी कभी था।

---

1. नस-नस में 2. पीछा 3. दुखी 4. महफिल

आज फिर दिल ने कहा आओ भुला दें यादें
ज़िन्दगी बीत गई और वही यादें-यादें

जिस तरह आज ही बिछड़े हों बिछड़ने वाले
जैसे इक उम्र के दुःख याद दिला दें यादें

काश मुमकिन हो कि इक काग़ज़ी कश्ती की तरह
खुद फ़रामोशी के दरिया में बहा दें यादें

वो भी रुत आए कि ऐ ज़ूद-फ़रामोश[1] मिरे
फूल पत्ते तिरी यादों में बिछा दें यादें

जैसे चाहत भी कोई जुर्म हो और जुर्म भी वो
जिसकी पादाश[2] में ताउम्र सज़ा दें यादें

भूल जाना भी तो इक तरह की नेअमत है 'फ़राज़'
वरना इंसान को पागल न बना दें यादें

1. जल्दी भूलाने वाला, 2. जुर्म

रोने से मलाल घट गया है
बादल था बरस के छट गया है।

अब दोश पे सर नहीं तो गोया
एक बोझ सा दिल से हट गया है।

ये ख़िलवते-जाँ[1] में कौन आया
हर चीज़ उलट पलट गया है।

क्या माले ग़नीम[2] था मेरा शहर
क्यों लश्करयों में बट गया है।

अब दिल में 'फराज़' कौन आए
दुनिया से ये शहर कट गया है।

1. तनहाई 2. डाकू

सिलसिले तोड़ गया वो सभी जाते-जाते
वरना इतने तो मरासिम[1] थे कि आते जाते

शिकवा-ए-ज़ुल्मते-शब से तो कहीं बेहतर था
अपने हिस्से की कोई शमअ जलाते जाते

कितना आसाँ था तेरे हिज्र में मरना जानाँ
फिर भी इक उम्र लगी जान से जाते जाते

जश्ने-मक़तल[2] ही न बरपा हुआ वरना हम भी
पा बजोलाँ[3] ही सही नाचते गाते जाते

उसकी वो जाने उसे पासे-वफ़ा था कि न था
तुम 'फराज़' अपनी तरफ़ से तो निभाते जाते

---

1. रिश्ते 2. हत्यागृह 3. जंज़ीर पहने

अभी कुछ और करिश्मे ग़ज़ल के देखते हैं
'फराज़' अब ज़रा लहज़ा बदल के देखते हैं

जुदाइयाँ तो मुक़द्दर हैं फिर भी जाने सफ़र
कुछ और दूर ज़रा साथ चल के देखते हैं

तू सामने है तो फिर क्यों यकीं नहीं आता
ये बार-बार जो आँखों को मल के देखते हैं

ये कौन लोग हैं मौजूद तेरी महफिल में
जो लालचों से तुझे, मुझको जल के देखते हैं

ये कौन लोग हैं मौजूद तेरी महफिल में
जो लालचों से तुझे, मुझको जल के देखते हैं

अभी तलक तो न कुन्दन हुए न राख हुए
हम अपनी आग में हर रोज़ जल के देखते हैं

बहुत दिनों से नहीं है कुछ इसकी ख़ैर ख़बर
चलो 'फराज़' को, ऐ यार चल के देखते हैं

सुना है लोग उसे आँख भर के देखते हैं
सो उसके शहर में कुछ दिन ठहर के देखते हैं

सुना है रब्त[1] है उसको ख़राब हालों से
सो अपने आपको बर्बाद करके देखते हैं

सुना है बोले तो बातों से फूल झड़ते हैं
ये बात है तो चलो बात करके देखते हैं

सुना है रात उसे चाँद तकता रहता है
सितारे बामे फ़लक[2] से उतर के देखते हैं

सुना है दिन को उसे तितलियाँ सताती हैं
सुना है रात को जुगनू ठहर के देखते हैं

सुना है रात से बढ़कर हैं काकुलें[3] उसकी
सुना है शाम को साए गुज़र के देखते हैं

सुना है उसके लबों से गुलाब जलते हैं
सो हम बहार पे इल्ज़ाम धर के देखते हैं

सुना है उसके बदन की तराश ऐसी है
कि फूल अपनी क़बाएं[4] कुतर के देखते हैं

रुके तो गर्दिशें उसका तवाफ़ करती हैं
चले तो उसको ज़माने ठहर के देखते हैं

---

1. सम्बन्ध 2. आकाश 3. बाल 4. लिबास

किसे नसीब कि बे पैरहन उसे देखे
कभी-कभी दरो दीवार घर के देखते हैं

अब उसके शहर में ठहरें कि कूच कर जाएँ
'फराज़' आओ सितारे सफ़र के देखते हैं

हिज्रे जानाँ[1] की घड़ी अच्छी लगी
अब के तन्हाई बड़ी अच्छी लगी

एक तन्हा फ़ाख़्ता उड़ती हुई
इक हिरण की चौकड़ी अच्छी लगी

ज़िन्दगी की घुप अँधेरी रात में
याद की इक फुलझड़ी अच्छी लगी

शहरे-दिल और इतने लोगों का हुजूम
वो अलग सब से खड़ी अच्छी लगी

एक शहज़ादी मगर दिल की फ़कीर
उसको मेरी झोंपड़ी अच्छी लगी

आँख भी बरसी बहुत बादल के साथ
अब के सावन की झड़ी अच्छी लगी

ये ग़ज़ल मुझको पसन्द आई 'फराज़'
ये ग़ज़ल उसको बड़ी अच्छी लगी

---

1. महबूब की जुदाई

गई रुतों में तो शामो-सहर न थे ऐसे
कि हम उदास बहुत थे मगर न थे ऐसे

यहाँ भी फूल से चेहरे दिखाई देते थे
ये अब जो हैं यही दीवारो-दर न थे ऐसे

मिले तो ख़ैर न मिलने पे रंजिशें[1] कैसी
कि उससे अपने मरासिम[2] थे पर न थे ऐसे

रफ़ाकतों[3] से मरा हूँ मुसाफ़तों[4] से नहीं
सफ़र वही थे मगर हमसफ़र न थे ऐसे

---

1. दुश्मनी 2. सम्बन्ध 3. मुहब्बत 4. सफर (यात्रा)

मैं चुप रहा तो सारा जहाँ था मेरी तरफ
हक़ बात की तो कोई कहाँ था मेरी तरफ़।

मैं मर गया वहीं कि सफ़े[1] कातिलाँ से जब
खन्जर बदस्त[2] तू भी रवाँ था मेरी तरफ।

मुझको मेरी शिकस्त का कोई जवाज़[3] दो
कहते हैं रौशनी का निशां था मेरी तरफ़।

ये और बात तूने ज़माने की बात की
रूए[4]-सुख़न तो ऐ मेरी जाँ था मेरी तरफ़।

मैंने सितमगरों[5] को पुकारा है खुद 'फ़राज़'
वरना किसी का ध्यान कहाँ था मेरी तरफ़।

---

1. पंक्ति 2. हाथ में 3. दलील 4. इशारा 5. अत्याचारी

इस क़दर मुसलसल[1] थीं शिद्‌दतें[2] जुदाई की
आज पहली बार उससे मैंने बेवफाई की।

वरना अब तलक यूँ था ख्वाहिशों की बारिश में
या तो टूट कर रोया या ग़ज़ल सराई[3] की।

तज दिया था कल जिनको हमने तेरी चाहत में
आज उनसे मजबूरन ताज़ा आशनाई[4] की।

हो चला था जब मुझको इख़्तलाफ़[5] अपने से
तूने किस घड़ी ज़ालिम मेरी हमनवाई[6] की।

फिर कफ़स[7] में शोर उठा कैदियों का और सय्याद
देखना उड़ा देगा फिर ख़बर रिहाई की।

---

1. क्रमवार 2. तीव्रता 3. ग़ज़ल गाना 4. जान पहचान 5. असहमति 6. आवाज़ में आवाज़ मिलाना 7. पिंजरा

मैं दीवाना सही पर बात सुन ऐ हमनशीं मेरी
कि सबसे हालें-दिल कहता फिरूँ आदत नहीं मेरी

तअम्मुल[1] क़त्ल में तुझको मुझे मरने की जल्दी थी
ख़ता दोनों की है उसमें, कहीं तेरी कहीं मेरी

भला क्यों रोकता है मुझको नासेह गिर्यः[2] करने से
कि चश्मे-तर मिरी है, दिल मिरा है, आस्तीं मेरी

मुझे दुनिया के ग़म और फ़िक्र उक़बा[3] कि तुझे नासेह
चलो झगड़ा चुकाएँ आसमाँ तेरा ज़मी मेरी

मैं सब कुछ देखते क्यों आ गया दामे-मुहब्बत में
चलो दिल हो गया था यार का, आँखें तो थीं मेरी

'फ़राज़' ऐसी ग़ज़ल पहले कभी मैंने न लिक्खी थी
मुझे खुद पढ़ के लगता है कि ये काविश[4] नहीं मेरी

1. हिचकिचाहट, 2. रोना, 3. परलोक, 4. प्रयास

चलो अज़ाब सहें दोस्ती के यूँ ही सही,
कि वह किसी का हुआ हम किसी के, यूँ ही सही।

हमीं हदफ़[1], हमीं बिस्मिल[2], हमीं पे तानाज़नी
सितम उसी के, गिले भी उसी के, यूँ ही सही।

जिगर फ़िगार[3] करो दिल को तार-तार करो
यही सिले हैं अगर आगही के, यूँ ही सही।

मैं कब तलक तेरे सफ़्फ़ाक[4] सच का ज़हर पियूँ
वफ़ा के बोल सुना झूट ही के, यूँ ही सही।

मगर वह लोग थे शादाब[5] मौसमों के 'फराज़'
मगर वह ख़्वाब थे नथ्या[6] गली के, यूँ ही सही।

---

1. निशाना 2. घायल 3. चीरना 4. निर्मम 5. खुश 6. पाकिस्तान की एक गली का नाम

जुरअते-गोश[1] बनी मुझसे गुनहगार की बात
आ गई थी मेरे लब पर तिरे रुख़सार[2] की बात

वो नहीं है तो यूँ ही दिल को दुखाने के लिए
छेड़ दी हमने किसी यारे-दिल-आज़ार[3] की बात

उस सितमगर[4] को सब लोग बुरा कहते हैं
कोई सुनता ही नहीं मिरे ग़मख़्वार की बात

सूफ़ी-ए-शहर भी परदे में तसव्वुफ़[5] के ही
छेड़ देता है उसी यारे-तरह-दार[6] की बात

हम कहाँ बिकने को जाएँ कि दिलो-जाँ की जगह
हर ख़रीदार करे दिरहमो-दीनार[7] की बात

कल हुई हज़रते-नासेह से मुलाकात 'फ़राज़'
फिर वही पंदो-नसीहत[8] वही बेकार की बात

---

1. सुनने की हिम्मत, 2. गाल, 3. दिल को चोट पहुँचाने वाला महबूब, 4. अत्याचारी, 5. सूफ़ियत, 6. महबूब, 7. रुपया-पैसा, 8. उपदेश

ज़िन्दगी की अब नई रस्में बना दी जाएँगीं
जिस्म ढह जाएँगे दीवारें उठा दी जाएँगीं।

अब मकानों में मकीं[1] होंगे न आवाज़ो के फूल
सिर्फ़ दीवारों पे तस्वीरें लगा दी जाएँगीं।

एक लम्हे के लिए सदियों का ख़ूँ हो जाएगा
एक ख़्वाहिश के लिए उम्र गँवा दी जाएँगीं।

लफ़्ज़ तड़पेंगे इज़्ने–सुख़न[2] छिन जाएगा
रोशनी होगी मगर आँखें बुझा दी जाएँगीं।

कल का सूरज हश्र दर आग़ोश निकलेगा 'फराज़'
चाँद जैसी सूरतें ईंधन बना दी जाएँगीं।

---

1. लोग 2. बात करने का आदेश 3. अपनी गोद में हंगामे लिए

मुझसे पहले

मुझसे पहले तुझे जिस शख़्स ने चाहा उसने
शायद अब भी तेरा ग़म दिल से लगा रक्खा हो
एक बेनाम-सी उम्मीद पे अब भी शायद
अपने ख़्वाबों के जज़ीरों[1] को सजा रक्खा हो

मैंने माना कि वह बेगाना-ए-पैमाने वफ़ा
खो चुका है जो किसी और की रानाई[2] में
शायद अब लौट के आए न तेरी महफ़िल में
और कोई दुख न रुलाए तुझे तन्हाई में

मैंने माना कि शबो-रोज़ के हंगामों में
वक़्त हर ग़म को भुला देता है रफ़्ता-रफ़्ता
चाहे उम्मीद की शमएँ हों कि यादों के चराग़
मुस्तक़िल बो'द[3] बुझा देता है रफ़्ता-रफ़्ता

फिर भी माज़ी[4] का ख़याल आता है गाहे-गाहे[5]
मुद्दतें दर्द की लौ कम तो नहीं कर सकतीं
ज़ख़्म भर जाएँ मगर दाग़ तो रह जाता है
दूरियों से कभी यादें तो नहीं मर सकतीं

---

1. द्वीपों 2. हुस्न 3. फ़ासला 4. अतीत 5. कभी-कभी

यह भी मुमकिन है कि इक दिन वह पशेमाँ[1] होकर
तेरे पास आए ज़माने से किनारा कर ले
तू कि मासूम भी है, ज़ूद-फ़रामोश[2] भी है
उसकी पैमाँ-शिकनी[3] को भी गवारा कर ले

और मैं, जिसने तुझे अपना मसीहा समझा
एक ज़ख़्म और भी पहले की तरह सह जाऊँ
जिस पे पहले भी कई अहदे-वफ़ा टूटे हैं
उसी दोराहे पे चुप-चाप खड़ा रह जाऊँ

1. शर्मिन्दा 2. जल्द भुलानेवाला 3. प्रण तोड़ना

इतने चुप क्यों हो?

इतने चुप क्यों हो रफीक़ाने[1]-सफ़र कुछ तो कहो
दर्द से चूर हुए हो कि करार आया है।

भर गया हिज्र का हर ज़ख़्म कि जी हार चले
बुझा शौक कि पैग़ामे-निगार[2] आया है।

ना मुरादी की थकन है खुमारे-[3]शबे-वस्ल
जाँ सुलगती है कि चेहरों पे निखार आया है।

कितनी उजड़ी हुई रुत है कि सुकूँ है न जुनूँ
इतनी बेफ़ैज़[4] हुई बादे-बहारी कैसे।

न कहीं नौह-ए-जाँ है न कहीं नग़म-ए-दिल
कुछ तो बोलो कि शबे-दर्द गुज़ारी कैसे।

सर बज़ानू[5] हो तो क्यों चाक गरेबाँ वालो
बाज़ी-ए-राहे-तलब जीत के हारी कैसे।

---

1. दोस्त 2. चित्र 3. मिलन की रात का नशा 4. बेरहम 5. सिर पैरों में झुकाना

ख़्वाब मरते नहीं

ख़्वाब मरते नहीं
ख़्वाब दिल हैं न आँखें न साँसें कि जो
रेज़ा-रेज़ा[1] हुए तो बिखर जाएँगे
जिस्म की मौत से ये भी मर जाएँगे
ख़्वाब मरते नहीं

ख़्वाब तो रौशनी हैं नवा[2] हैं हवा हैं
जो काले पहाड़ों से रुकते नहीं
ज़ुल्म के दोज़ख़ों से भी फुँकते नहीं
रौशनी और नवा और हवा के अलम[3]
मक़तलों[4] में पहुँचकर भी झुकते नहीं
ख़्वाब तो हर्फ़ हैं
ख़्वाब तो नूर हैं
ख़्वाब सुकरात हैं
ख़्वाब मंसूर हैं

---

1. टुकड़े-टुकड़े 2. आवाज़ 3. पताकाएँ 4. वधस्थलों

ऐ देस से आनेवाले बता

वो शहर जो हमसे छूटा है अब उसका नज़ारा कैसा है
हर दुश्मने-जाँ किस हाल में है, हर जान से प्यारा कैसा है

शब बज़्मे-हरीफ़ाँ[1] जमती है या शाम ढले सो जाते हैं
यारों की बसर-औक़ात[2] है क्या, हर अंजुमन-आरा[3] कैसा है

क्या कू-ए-निगाराँ[4] में अब भी उश्शाक़[5] का मेला लगता है
अहले-दिल ने क़ातिल के लिए मक़तल को सँवारा कैसा है

क्या अब भी हमारे गाँवों में घुँघरू हैं हवा के पाँवों में
या आग लगी है छाँवों में अब वक़्त का धारा कैसा है

क़ासिद[6] के लबों पर क्या अब भी आता है हमारा नाम कभी
वो भी तो ख़बर रखता होगा ये झगड़ा सारा कैसा है

जब भी मैख़ाने बंद ही थे और वा[7] दरे-ज़िंदाँ[8] रहता था
अब मुफ़्ती-ए-दीं[9] क्या कहता है, मौसम का इशारा कैसा है

मैख़्वारों का पिंदार[10] गया और साक़ी का मेयार[11] गया
कल तल्ख़ी-ए-मै[12] भी खलती थी, अब ज़हर गवारा कैसा है

हर एक कशीदा-क़ामत[13] पर क्या अब भी कमंदें पड़ती हैं
जब से वो मसीहा दार हुआ,[14] हर दर्द का मारा कैसा है

---

1. दुश्मनों की महफ़िल 2. समय गुज़ारने का तरीक़ा 3. महफ़िल की रौनक़ 4. महबूबों की गली 5. आशिक़ों 6. पत्रवाहक 7. खुला 8. कारागार का द्वार 9. धर्माधिकारी 10. शराब पीने वालों का ग़ुरूर 11. स्तर 12. शराब की कड़वाहट 13. ऊँचे क़द वाले 14. सूली चढ़ा

कहते हैं कि घर अब ज़िंदाँ[1] हैं, सुनते हैं कि ज़िंदाँ मक़तल हैं
ये जब्र ख़ुदा के नाम पे है, ये जुल्म ख़ुदा के नाम पे है

ये शामे-सितम कटती ही नहीं, ये ज़ुल्मते-शब[2] कटती ही नहीं
मेरे बदक़िस्मत लोगों की क़िस्मत का सितारा कैसा है

पिंदार सलामत है कि नहीं, बस यह देखो, यह मत देखो
जाँ कितनी रेज़ा-रेज़ा[3] है, दिल पारा-पारा[4] कैसा है

(ब्लू माउंट लेक, न्यूयार्क)

1. कारागार 2. रात का अँधेरा 3. कण-कण 4. टुकड़े-टुकड़े

अब किसका जश्न मनाते हो !

अब किसका जश्न मनाते हो
उस देस का जो तक़सीम हुआ
अब किसका गीत सुनाते हो
उस तन-मन का जो दो-नीम[1] हुआ

उस ख़्वाब का जो रेज़ा-रेज़ा
इन आँखों की तक़दीर हुआ
उस नाम का जो टुकड़े-टुकड़े
गलियों में बे-तौक़ीर[2] हुआ

उस परचम[3] का जिसकी हुरमत
बाज़ारों में नीलाम हुई
उस मिट्टी का जिसकी हुरमत
मंसूब अदू[4] के नाम हुई

उस जंग का जो तुम हार चुके
उस रस्म का जो जारी भी नहीं
उस ज़ख़्म का जो सीने पे न था
उस जान का जो वारी भी नहीं

उस ख़ून का जो बद-क़िस्मत था
राहों में बहा या तन में रहा
उस फूल का जो बे-क़ीमत था
आँगन में खिला या बन में रहा

उस मशरिक़[5] का जिसका तुमने
नेज़े की अनी[6] मरहम समझा

---

1. दो टुकड़े 2. अपमानित 3. झंडा 4. दुश्मन से जुड़ी 5. पूर्व (बांग्लादेश) 6. भाले की नोक

उस मग़रिब[1] का जिसको तुमने
जितना भी लूटा कम समझा
उन मासूमों का जिनके लहू
से तुमने फ़रोज़ाँ[2] रातें कीं
या उन मज़लूमों का जिनसे
ख़ंजर की ज़बाँ में बातें कीं

उस मरियम का जिसकी इफ़्फ़त[3]
लुटती है भरे बाज़ारों में
उस ईसा का जो क़ातिल है
और शामिल है ग़म-ख़्वारों में

उन नौहागरों[4] का जिनने हमें
ख़ुद क़त्ल किया ख़ुद रोते हैं
ऐसे भी कहीं दम-साज़[5] हुए
ऐसे जल्लाद भी होते हैं

उन भूखे-नंगे ढाँचों का
जो रक़्स सरे-बाज़ार[6] करें
या उन ज़ालिम क़ज़्ज़ाक़ों का
जो भेस बदलकर वार करें

या उन झूठे इक़रारों का
जो आज तलक ईफ़ा[7] न हुए
या उन बेबस लाचारों का
जो और भी दुख का निशाना हुए

1. पश्चिम (पाकिस्तान) 2. रौशन 3. इज़्ज़त 4. शोकगीत लिखनेवाले 5. साथी 6. भरे बाज़ार में नाच 7. पूरे

उस शाही का जो दस्त-ब-दस्त[1]
आई है तुम्हारे हिस्से में
क्यूँ नंगे-वतन[2] की बात करो
क्या रक्खा है इस क़िस्से में

आँखों में छुपाए अश्कों को
होठों पे वफ़ा के बोल लिये
इस जश्न में मैं भी शामिल हूँ
नौहों से भरा कशकोल लिये

---

1. एक हाथ से दूसरे हाथ चलनेवाली बादशाही 2. राष्ट्रीय कलंक

मंसूबा[1] से !

तूने देखा ही नहीं मुझको तुझे क्या मालूम
वक़्त ने आज किसे सौंप दिया है तुझको
किसके दामन से है बाँधा गया पल्लू तेरा
किससे तक़दीर ने वाबस्ता[2] किया है तुझको

तेरे होंठों पे तो है शर्मो-हया की मोहरें
तेरे माँ-बाप ने क्यों निर्ख़[3] तेरा बोल दिया
काले बाज़ार में नीलाम उठाकर तेरा
सब्ज़ बाग़ों के तसव्वुर पे तुझे तौल दिया

जो सजाई गई फ़िर्दौस[4] नुमायश के लिए
वह किसी और की तामीर है मेरी तो नहीं
ये मकानात, ये जिंदर, ये दुकानें, ये ज़मीं
मेरे अजदाद[5] की जागीर है मेरी तो नहीं

मैं तो आवारा सा शायर हूँ मेरी क्या वक़अत[6]
एक-दो गीत परेशान से गा लेता हूँ
गाहे-गाहे[7] किसी नाकाम शराबी की तरह
एक-दो ज़हर के साग़र[8] भी चढ़ा लेता हूँ

तू कि एक वादि-ए-गुलरंग[9] की शहज़ादी है
देख बेकार से इंसाँ के लिए वक़्फ़[10] न हो
तेरे ख़्वाबों के जज़ीरों में बड़ी रौनक़ है
एक अनजान से तूफ़ाँ के लिए वक़्फ़ न हो

---

1. भावी पत्नी 2. जोड़ा 3. भाव 4. स्वर्ग 5. पूर्वजों 6. मूल्य 7. कभी-कभी 8. जाम—प्याले 9. फूलों के रंग की घाटी 10. स्वयं को प्रतिबद्ध करना

सोच अभी वक़्त है हालात बदल सकते हैं
वरना इस रिश्त-ए-बेरब्त[1] पे पछताएगी
तोड़ इन कोहना रसूमात[2] के बंधन वरना
जीते जी मौत के ज़िंदाँ[3] में उतर जाएगी

1. बेजोड़ रिश्ता 2. पुराने रीति-रिवाज 3. कारावास

क़लम सुर्ख़रू है

क़लम सुर्ख़रू[1] है
कि जो उसने लिक्खा
वही आज मैं हूँ
वही आज तू है
क़लम ने लिखा था
कि जब भी ज़बानों पे पहरे लगे हैं
तो बाज़ू सनाँ[2] तोलते हैं
कि जब भी लबों पर ख़ामोशी के ताले पड़े हों
तो ज़िंदाँ जेल के दीवारो-दर बोलते हैं
कि जब हर्फ़ ज़ंजीर होता है
शमशीर[3] होता है आख़िर
तो आमिर की तक़दीर होता है आख़िर
कि जो हर्फ़ है ज़ीस्त[4] की आबरू है
क़लम सुर्ख़रू है

क़लम ने लिखा था
यह धरती उसी की है जो
ज़ुल्म के मौसमों में
खुले आसमानों तले
उसकी मिट्टी में अपना लहू घोलता है
जो अपने लहू की तमाज़त[5] से
ज़ुल्फ़े-नामू[6] की गिरह खोलता है

वही जिसकी पोरों के मस[7] से
सुकूते-ज़मीं[8] बोलता है

---

1. सफल 2. भाला 3. तलवार 4. जीवन 5. गर्मी 6. ज़िंदगी की ज़ुल्फ़ें 7. स्पर्श 8. ज़मीन का सन्नाटा

मगर जिसने बोया था काटा था
उसके मुक़द्दर में नाने-जवीं[1] तक न थी
जिसका पैकर मशक़्क़त[2] से पथरा गया
और जिसके लबों पर नहीं तक न थी
उसी से इबारत[3] यह सब रंगो-बू है
क़लम सुर्ख़रू है

क़लम सुर्ख़रू है
कि उसने लिखा था
वो बाज़ू
जो पत्थर से हीरे तराशें
मगर बे-निशाँ उनके घर
बे-कफ़न उनकी लाशें
वही कोहकन[4]
जिनके तेशे पहाड़ों के दिल चीर डालें
मगर ख़ुसरवाने जहाँ[5] उनकी शीरीं[6] चुरा लें
वही जिनके जिस्मों के पैवंद
अह्ले-हवस की क़बा में लगे थे
वही सादा-दिल
जिनकी नज़रें फ़लक पर जमी थीं
तो लब मुनइमों की सना[7] में लगे थे
अब उनकी सना चार-सू[8] है
क़लम सुर्ख़रू है

1. जौ की रोटी 2. परिश्रम 3. लिखी 4. पहाड़ तोड़नेवाला 5. दुनिया के बादशाह 6. ईरानी बादशाही की मलिका 7. दौलतमंदों की स्तुति 8. चारों ओर

कहा नहीं था

कहा था
उस शहर को न जाओ
अब अपनी आँखों से देख आए
तो रो रहे हो
कि अब वहाँ तुम नहीं
नए लोग बस गए हैं
कहा था
अब शहरे-आरज़ू
दश्ते-जाँ-रुबा[1] है
गए ज़मानों की ख़ुशबुएँ कब से मर चुकी हैं
जुदाइयाँ काम कर चुकी हैं
तुम्हारे नग़्मों के नर्म पौधे
नई रुतों की शदीद लू से झुलस गए हैं
गुलाब के सुर्ख़-सुर्ख़ फूलों को
कासनी साँप डस गए हैं
वो गुफ्तगूओं की आबजूएँ[2]
सुकूत के रेगज़ार[3] में दफ़्न हो गई हैं
वो अहदो-पैमाँ[4] की फाख़्ताएँ
उफ़क़[5] के उस पार खो गई हैं
कहा था—वो साअतें[6] न लौटेंगी
जो गई हैं
कहा था
तुम क़ुर्ब[7] के नशे में
अना[8] के मीनार चुन रहे हो
कहा था

---

1. जानलेवा जंगल 2. नहरें 3. ख़ामोशी के रेगिस्तान 4. क़समें-वादे 5. क्षितिज 6. क्षण 7. नज़दीकी 8. अहं

तुम उस वफ़ा के सहरा में
अपनी आवाज़ सुन रहे हो
डरावने ख़्वाब बुन रहे हो
तुम्हें बड़ा ज़ोम[1] था
कि आँखों के आईनों से
हर अंजुमन को सजा रहे थे
तुम्हें ग़ुरूर अपनी ज़ात पर था
कि अपना सब कुछ लुटा रहे थे
कहा था
इन आईनों को अब देखने न जाओ
कि इनमें औरों के अक्स होंगे
कहा था उन रास्तों पे अब तुम न गुनगुनाओ
कि दूसरे महूवे-रक़्स[2] होंगे
ये आईने
जो हर एक दीवार पर सजे हैं
तुम्हारे अश्कों[3] की काँच है बस
ये बर्फ़ के पैकरों के शोले
तुम्हारे साँसों की आँच है बस
फ़िराक़[4] की बात ही जुदा है
यहाँ तो आँखों के आईनों से
जो अक्स ओझल हुआ
तो फिर वह कहीं नहीं था
पलट के आए तो क्या
न आए तो क्या
कि आँखें तो आईने हैं
और आईनों को ग़रज़ नहीं है
कि कौन चेहरा नज़र-नशीं[5] था
वो कोई पत्थर था या नगीं[6] था
कहा नहीं था

---

9. घमंड 10. नाच में व्यस्त 11. आँसुओं 12. जुदाई 13. आँखों के सामने 14. नगीना

नज़रे-नज़रुल[1]

फ़नकार जो अपने सहरे-फ़न से
पत्थर को ज़बान बख़्शता है
अल्फ़ाज़ को ढालकर सदा में
आवाज़ को जान बख़्शता है
तारीख़ को अपना ख़ून देकर
तहज़ीब को शान बख़्शता है

फ़नकार ख़ामोश हो तो जाबिर[2]
ज़ुलमत के निशान[3] खोलता है
हर अहले-नज़र[4] को दस्ते-क़ातिल
नेज़े की अनी पे तौलता है
इनसान बज़ोर[5] ख़ाको-ख़ूँ में
इनसान के हुक़ूक़[6] रोलता है

फ़नकार अगर ज़बाँ न खोले
अंबारे - गुहर[7] - नसीब उसका
वर्ना हर शहरयार[8] दुश्मन
हर शेख़े-हरम[9] रक़ीब उसका
चाहे वह 'फ़राज़' हो कि 'नज़रुल'
बोले तो सिला[10] सलीब उसका

---

1. क़ाज़ी नज़रुल इस्लाम को भेंट 2. अत्याचारी 3. अँधेरे के झंडे 4. दृष्टिवान 5. ताक़त से 6. अधिकार 7. मोतियों का ढेर 8. बादशाह 9. धर्माधिकारी 10. बदला

मम्दूह

मैंने कब की है तेरे काकुलो-लब[1] की तारीफ़
मैंने कब लिक्खे क़सीदे[2] तेरे रुख़्सारों[3] के
मैंने कब तेरे सरापा की हिकायात[4] कही
मैंने कब शे'र कहे झूमते गुलज़ारों के
जाने दो दिन की मुहब्बत में यह बहके हुए लोग
कैसे अफ़साने बना लेते हैं दिलदारों के

मैं कि शायर था मेरे फ़न की रिवायत[5] थी यही
मुझको एक फूल नज़र आए तो गुलज़ार कहूँ
मुस्कुराती हुई हर आँख को क़ातिल जानूँ
हर निगाहे-ग़लत-अंदाज़ को तलवार कहूँ
मेरी फ़ितरत[6] थी कि मैं हुस्ने-बयाँ[7] की ख़ातिर
हर हसीं लफ़्ज़ को दर-मदहे-रुख़े-यार[8] कहूँ

मेरे दिल में भी खिले हैं तेरी चाहत के कँवल
ऐसी चाहत कि जो वहशी हो तो क्या क्या न करे
गर मुझे हो भी तो क्या ज़ोमे-तवाफ़े-शोला[9]
तू है वह शम्अ कि पत्थर की भी पर्वा न करे
मैं नहीं कहता कि तुझ-सा है न मुझ-सा कोई
वर्ना शोरीदगि-ए-शौक़[10] तो दीवाना करे

क्या यह कम है कि तेरे हुस्न की रानाई से
मैंने वो शमएँ जलाई हैं कि महताब[11] निसार
तेरे पैमाने-वफ़ा से मेरे फ़न ने सीखी

---

1. ज़ुल्फ़ व होंठ 2. स्तुति गीत 3. गालों 4. कथाएँ 5. परम्परा 6. प्रकृति 7. वर्णन शैली 8. यार के चेहरे की तारीफ़ 9. शोले के चक्कर लगाना 10. इश्क़ की दीवानगी 11. चाँद

वह दिल-आवेज़ सदाक़त[1] कि कई ख़्वाब निसार
तेरे ग़म ने मेरे विजदान[2] को बख़्शी वह कसक
मेरे दुश्मन मेरे क़ायल, मेरे अहबाब निसार

मैं किसी ग़म में भी रोया हूँ तो मैंने देखा
तेरे दुख से कोई मजरूह[3] नहीं तेरे सिवा
मेरे पैकर में तेरी ज़ात[4] घुली है इतनी
कि मेरा जिस्म मेरी रूह नहीं तेरे सिवा
मेरा मौज़ूए-सुख़न[5] तू हो कि सारी दुनिया
दर-हक़ीक़त कोई मम्दूह[6] नहीं तेरे सिवा

---

1. मनभावन सत्य 2. अंतःकरण 3. घायल 4. व्यक्तित्व 5. शायरी का विषय 5. प्रशंसा-पात्र

फ़नकारों के नाम

तुमने धरती के माथे पे अफ़शाँ[1] चुनी
ख़ुद अँधेरी फ़जाओं में पलते रहे
तुमने दुनिया के ख़्वाबों की जन्नत बुनी
ख़ुद फ़लाकत[2] के दोज़ख़ में जलते रहे
तुमने इनसान के दिल की धड़कन सुनी
और ख़ुद उम्र भर ख़ूँ उगलते रहे

जंग की आग दुनिया में जब भी जली
अम्न की लोरियाँ तुम सुनाते रहे
जब भी तख़रीब[3] की तुंद आँधी चली
रौशनी के निशाँ तुम दिखाते रहे
तुमसे इनसाँ की तहज़ीब[4] फूली फली
तुम मगर ज़ुल्म के तीर खाते रहे

तुमने शहकार[5] ख़ूने-जिगर से सजाए
और इसके एवज़[6] हाथ कटवा दिए
तुमने दुनिया को अमरित के चश्मे दिखाए
और ख़ुद ज़हरे-क़ातिल के प्याले पिए
तुमने हर इक के दुख अपने दिल से लगाए
तुम जिए तो ज़माने की ख़ातिर जिए

तुम पयम्बर[7] न थे अर्श के मुद्दई[8]
तुमने दुनिया से दुनिया की बातें कहीं
तुमने ज़र्रों को तारों की तनवीर[9] दी
तुमसे गो अपनी आँखें भी छीनी गई

---

1. सिंदूर 2. ग़रीबी 3. नाश 4. सभ्यता 5. महान कृतियाँ 6. बदले 7. ख़ुदा का संदेशवाहक—पैग़ंबर 8. दावेदार 9. रोशनी

तुमने दुखते दिलों की मसीहाई[1] की
और ज़माने से तुमको सलीबें[2] मिलीं
काख़ो-दरबार[3] से कूचा-ए-दार[4] तक
कल जो थे आज भी हैं वही सिलसिले
जीते जी तो न पाई चमन की महक
मौत के बाद फूलों के मरक़द[5] मिले
ऐ मसीहाओ ! यह ख़ुदकुशी कब तलक
हैं ज़मीं से फ़लक[6] तक बड़े फ़ासले

---

1. उपचार करना 2. सूली—जो ईसा मसीह को दी गई थी 3. छत व दरबार 4. सूली का स्थान 5. मज़ार 6. आकाश

सवाल

('फ़िराक़' की तस्वीर देखकर)

एक संग-तराश[1] जिसने बरसों
हीरों की तरह सनम तराशे[2]
आज अपने सनम-कदे[3] में तन्हा
मजबूर निढाल ज़ख़्म-ख़ुर्दा[4]
दिन-रात पड़ा कराहता है

चेहरे पे उजाड़ ज़िंदगी के
लम्हात[5] की अनगिनत ख़राशें
आँखों के शिकस्ता मरक़दों[6] में
रूठी हुई हसरतों की लाशें

साँसों की थकन बदन की ठंडक
अहसास से कब तलक लहू ले
हाथों में कहाँ सकत कि बढ़ कर
ख़ुद-साख़्ता[7] पैकरों को छू ले

यह ज़ख़्मे-तलब यह नामुरादी
हर बुत के लबों पे है तबस्सुम
ऐ तेशा-बदस्त[8] देवताओ !
तख़लीक़[9] अज़ीम है कि ख़ालिक़[10]
इनसान जवाब चाहता है

---

1. मूर्तिकार 2. मूर्तियाँ बनाईं 3. मंदिर 4. घायल 5. क्षणों 6. मज़ारों 7. अपने बनाए हुए 8. कुदाल हाथ में लिये 9. रचना 10. रचनाकार

पास क्या था

पास क्या था कि लूटती दुनिया
हम तो कल भी थे बे-सरो-सामाँ[1]

आज दीवार खिंच गई है अगर
शह्र कल भी था सूरते-ज़िंदाँ[2]

कब मयस्सर हुआ था रोज़े-विसाल
कब मुक़द्दर न थी शबे-हिज्राँ

इक मता-ए-सुख़न[3] थी पास अपने
एक साज़े-वफ़ा था दौलते-जाँ

अब भी ख़ुशबख़्त[4] हैं तेरे वहशी
अब भी ख़ुशवक़्त हैं तेरे नादाँ[5]

दर्द क़ायम है, याद बाक़ी है
इक तेरी दीद[6] छिन गई जानाँ

---

1. साधनहीन 2. कारागार जैसा 3. शायरी की दौलत 4. भाग्यशाली 5. नादान 6. दर्शन

सभी शरीके-सफ़र हैं

यह मुम्किकत[1] तो सभी की है ख़्वाब सबका है
यहाँ पे क़ाफ़िला-ए-रंगो-बू अगर ठहरे
तो हुस्ने-ख़ेमा-ए-बर्गो-गुलाब[2] सबका है
यहाँ ख़िज़ाँ के बगूले उठें तो हमनफ़सो[3] !
चराग़ सबके बुझेंगे अज़ाब सबका है

तुम्हें ख़बर है कि जेंगाह[4] जब पुकारती है
तो ग़ाज़ियाने-वतन[5] ही फ़क़त नहीं जाते
तमाम क़ौम ही लश्कर का रूप धारती है
महाज़े-जंग पे मर्दाने-हुर[6] तो शह्रों में
तमाम ख़ल्क़ बदन पर ज़िरह[7] सँवारती है

मिलों में चेहरा-ए-मज़दूर तमतमाता है
तो खेतियों में किसाँ और ख़ून भरते हैं
वतन पे जब भी कोई सख़्त वक़्त आता है
तो शायराने-दिल-अफ़गार[8] का ग़यूर[9] क़लम
मुजाहिदाने-जरी के एजज़[10] सुनाता है

जलेंगे साथ सभी कीमिया[11] सभी होंगे
और अब जो आग लगी है मेरे दयारों में
तो इस बला से नबर्द-आज़मा सभी होंगे
सिपाहियों के अलम[12] हों कि शायरों के क़लम
मेरे वतन तेरे दर्द-आशना सभी होंगे

---

1. राज्य 2. गुलाब के फूलों के ख़ेमे का हुस्न 3. साथियो 4. मैदाने-जंग 5. शूरवीर 6. बहादुर लोग 7. कवच 8. ज़ख़्मी दिल 9. गौरवशाली (ग़य्यूर) 10. बहादुरों की प्रशंसा 11. सोने में बदल जाना 12. झंडे

क़नीज़

हुज़ूर आप और निस्फ़-शब[1] मेरे मकान पर
हुज़ूर की तमामतर बलाएँ मेरी जान पर

हुज़ूर ख़ैरियत तो है हुज़ूर क्यों ख़मोश हैं
हुज़ूर बोलिए कि वसवसे[2] वबाले-होश[3] हैं

हुज़ूर होंठ इस तरह से कँपकँपा रहे हैं क्यों
हुज़ूर आप हर क़दम पे लड़खड़ा रहे हैं क्यों

हुज़ूर आपकी नज़र में नींद का ख़ुमार है
हुज़ूर शायद आज दुश्मनों को कुछ बुख़ार है

हुज़ूर मुस्करा रहे हैं मेरी बात-बात पर
हुज़ूर को न जाने क्या गुमाँ है मेरी ज़ात पर

हुज़ूर मुँह से बह रही है पीक, साफ़ कीजिए
हुज़ूर आप तो नशे में हैं, मुआफ़ कीजिए

हुज़ूर क्या कहा, मैं आपको बहुत अज़ीज़ हूँ
हुज़ूर का करम है वरना मैं भी कोई चीज़ हूँ

हुज़ूर छोड़िए हमें हज़ार और रोग हैं
हुज़ूर जाइए कि हम बहुत ग़रीब लोग हैं

---

1. आधी रात 2. वहम 3. होश के लिए मुसीबत

आईना

तुझसे बिछड़ा हूँ तो आज आया मुझे अपना ख़याल
एक क़तरा भी नहीं बाक़ी कि हों पलकें तो नम

मेरी आँखों के समंदर कौन सहरा पी गए
एक आँसू को तरसती है मेरी तक़रीबे-ग़म[1]

मैं न रो पाया तो सोचा मुस्करा के देख लूँ
शायद इस बेजान पैकर में कोई ज़िंदा हो ख़्वाब

पर लबों के तन-बरहना शाख़्वों[2] पर अब कहाँ
मुस्कराहट के शगूफ़े[3] ख़ंदा-ए-दिल के गुलाब

कितना वीराँ हो चुका है मेरी हस्ती का जमाल[4]
तुझसे बिछड़ा हूँ तो आज आया मुझे अपना ख़याल

---

1. ग़म का अवसर 2. नंगी डालियों 3. फूल 4. जीवन की सुंदरता

ख़्वाब

वह चाँद जो मेरा हमसफ़र था
दूरी के उजाड़ जंगलों में
अब मेरी नज़र से छुप चुका है

एक उम्र से मैं मलूलो-तन्हा[1]
ज़ुल्मात[2] की रहगुज़ार में हूँ
मैं आगे बढ़ूँ कि लौट जाऊँ
क्या सोच के...इंतज़ार में हूँ
कोई भी नहीं जो यह बताए
मैं कौन हूँ किस दयार[3] में हूँ

---

1. उदास व अकेला 2. अँधेरे 3. शह्र

सेहरा

यों भी होता है बरसों के दो हमसफ़र
अपने ख़्वाबों की ताबीर से बे-ख़बर
अपने अहदे-मुहब्बत के नश्शे में गुम
अपनी क़िस्मत की ख़ूबी पे नाज़ाँ मगर

ज़िंदगी के किसी मोड़ पर खो गए
और एक-दूसरे से जुदा हो गए

यों भी होता है दो अजनबी राह-रौ[1]
अपनी राहों से मंज़िल से ना-आशना[2]
एक को दूसरे की ख़बर तक नहीं
कोई पैमाने-उल्फ़त[3] न अहदे-वफ़ा

इत्तफ़ाक़ात से इस तरह मिल गए
साज़ भी बज उठे फूल भी खिल गए

---

1. पथिक 2. अनजान 3. मुहब्बत का प्रण

ख़ुदग़र्ज़

ऐ दिल ! अपने दर्द के कारण तू क्या-क्या बेताब रहा
दिन के हंगामों में डूबा रातों को बेख़्वाब रहा
लेकिन तेरे ज़ख़्म का मरहम तेरे लिए नायाब[1] रहा

फिर एक अनजानी सूरत ने तेरे दुख के गीत सुने
अपनी सुंदरता की किरनों से चाहत के ख़्वाब बुने
ख़ुद काँटों की बाढ़ से गुज़री तेरी राह में फूल चुने

ऐ दिल, जिसने तेरी महरूमी[2] के दाग़ को धोया था
आज उसकी आँखें पुरनम[3] थीं और तू सोच में खोया था
देख पराये दुख़ की ख़ातिर तू भी कभी यों रोया था ?

1. दुर्लभ 2. अभागापन 3. गीली आँखें

ऐ वतन ऐ वतन

ऐ वतन ऐ वतन
ऐ वतन ऐ वतन
तेरे खेतों का सोना सलामत रहे
तेरे शहरों का सुख ता-क़यामत[1] रहे
ता-क़यामत रहे यह बहारे-चमन
ऐ वतन ऐ वतन
तेरे बेटे तेरी आबरू के लिए
यों जलाएँगे अपने लहू के दिए
फूट निकलेगी तारीकियों से किरन
ऐ वतन ऐ वतन

तेरी आबाद गलियाँ महकती रहें
तेरी राहें फ़ज़ा में चमकती रहें
यों मुसकराते रहें तेरे कोहो-दमन[2]

ऐ वतन ऐ वतन
ऐ वतन ऐ वतन

---

1. क़यामत तक 2. पहाड़ व मैदान

कोई भटकता बादल

दूर एक शह्र से जब कोई भटकता बादल
मेरी जलती हुई बस्ती की तरफ़ आएगा
कितनी हसरत से उसे देखेंगी प्यासी आँखें
और वह वक़्त की मानिंद गुज़र जाएगा

जाने किस सोच में खो जाएगी दिल की दुनिया
जाने क्या-क्या मुझे बीता हुआ याद आएगा
और उस शह्र का बे-फ़ैज़ भटकता बादल
दर्द की आग को फैला के चला जाएगा

ये खेत हमारे हैं ये खलिहान हमारे

ये खेत हमारे हैं ये खलिहान हमारे
पूरे हुए इक उम्र के अरमान हमारे
हम वो जो कड़ी धूप में जिस्मों को जलाएँ
हम वो हैं कि सहराओं[1] को गुलज़ार बनाएँ
हम अपना लहू ख़ाक के तोदों[2] को पिलाएँ

इस पर भी घरौंदे रहे वीरान हमारे
ये खेत हमारे हैं ये खलिहान हमारे

हम रौशनी लाए थे लहू अपना जलाकर
हम फूल उगाते थे पसीने में नहाकर
ले जाता मगर और कोई फ़स्ल उठाकर

रहते थे हमेशा तही दामान[3] हमारे
ये खेत हमारे हैं ये खलिहान हमारे

अब देस की दौलत नहीं जागीर किसी की
अब हाथ किसी के नहीं तक़दीर किसी की
पाँवों में किसी के नहीं ज़ंजीर किसी की

भूलेगी न दुनिया कभी एहसान हमारे
ये खेत हमारे हैं ये खलिहान हमारे

---

1. रेगिस्तानों 2. टीलों 3. ख़ाली दामन

अलमिया

किस तमन्ना से यह चाहा था कि एक रोज़ तुझे
साथ अपने लिये उस शह्र को जाऊँगा जिसे
मुझको छोड़े हुए भूले हुए एक उम्र हुई

हाय वह शह्र कि जो मेरा वतन है फिर भी
उसकी मानूस फ़ज़ाओं से रहा बेगाना
मेरा दिल मेरे ख़यालों की तरह दीवाना

आज हालात का यह तंज़े-जिगर-सोज़[1] तो देख
तू मेरे शह्र के एक हुजल-ए-ज़र्री[2] में मकीं[3]
और मैं परदेसी मैं जाँ-दाद-ए-यक नाने-जवीं[4]

1. दिल जलानेवाला व्यंग्य 2. सोने का घर 3. निवासी 4. एक जौ की रोटी पर मरनेवाला

ख़ुशबू का सफ़र

छोड़ पैमाने-वफ़ा की बात, शर्मिंदा न कर
दूरियाँ, मजबूरियाँ, रुस्वाइयाँ, तन्हाइयाँ
कोई क़ातिल, कोई बिस्मिल, सिस्कियाँ, शहनाइयाँ
देख यह हँसता हुआ मौसम है मौज़ू-ए-नज़र[1]

वक़्त की रौ में अभी साहिल अभी मौजे-फ़ना[2]
एक झोंका, एक आँधी, एक किरन, एक जू-ए-ख़ूँ[3]
फिर वही सहरा का सन्नाटा वही मर्गे-जुनूँ[4]
हाथ हाथों का असासा[5], हाथ हाथों से जुदा

जब कभी आएगा हम पर भी जुदाई का समाँ
टूट जाएगा मेरे दिल में किसी ख़्वाहिश का तीर
भीग जाएगी तेरी आँखों में काजल की लकीर

कल के अंदेशों से अपने दिल को आज़ुर्दा[6] न कर
देख यह हँसता हुआ मौसम, यह ख़ुशबू का सफ़र

---

1. आँख का केन्द्र 2. मौत की लहर 3. ख़ून की नहर 4. जुनून की मौत 5. धरोहर 6. उदास

हुआ सो हुआ

भूल जाएँ तो आज बेहतर है
सिलसिले क़ुर्ब[1] के, जुदाई के
बुझ चुकीं ख़्वाहिशों की क़ंदीलें
लुट चुके शहर आशनाई[2] के

रायगाँ साअतों से[3] क्या लेना
ज़ख़्म हों, फूल हों, सितारे हों
मौसमों का हिसाब क्या रखना
जिसने जैसे भी दिन गुज़ारे हों

ज़िंदगी से शिकायतें कैसी
अब नहीं हैं अगर गिले थे कभी
भूल जाएँ कि जो हुआ सो हुआ
भूल जाएँ कि हम मिले थे कभी

अकसर-औक़ात[4] चाहने पर भी
फ़ास्लों में कमी नहीं होती
बाज़-औक़ात[5] जानेवालों की
वापसी से ख़ुशी नहीं होती

1. समीपता 2. जान-पहचान 3. व्यर्थ पाए गए क्षणों से 4. प्रायः 5. कभी-कभी

ये मेरी ग़ज़लें, ये मेरी नज़्में

ये मेरी ग़ज़लें, ये मेरी नज़्में
तमाम तेरी हिकायतें[1] हैं

ये तज़करे तेरे लुत्फ़ के हैं
ये शे'र तेरी शिकायतें हैं
मैं सब तेरी नज़्र कर रहा हूँ
ये उन ज़मानों की साअतें[2] हैं

जो ज़िंदगी के नए सफ़र में
तुझे किसी वक़्त याद आएँ
तो एक-इक हर्फ़ जी उठेगा
पहन के अनफ़ास की क़बाएँ[3]
उदास तन्हाइयों के लम्हों
में नाच उठेंगी यह अप्सराएँ

मुझे तेरे दर्द के अलावा भी
और दुख थे यह मानता हूँ
हज़ार ग़म थे जो ज़िंदगी की
तलाश में थे यह जानता हूँ
मुझे ख़बर थी कि तेरे आँचल में
दर्द की रेत छानता हूँ

मगर हर एक बार तुझको छूकर
यह रेत रंगे-हिना[4] बनी है
यह ज़ख़्म गुलज़ार बन गए हैं
यह आहे-सोज़ाँ[5] घटा बनी है

---

1. कथाएँ 2. क्षण 3. साँसों के लिबास 4. मेहँदी का रंग 5. आगभरी आह

यह दर्द मौजे-सबा[1] हुआ है
यह आग दिल की सदा बनी है
और अब यह सारी मता-ए-हस्ती[2]
ये फूल यह ज़ख़्म सब तेरे हैं
यह दुख के नौहे[3] ये सुख के नग़मे
जो कल मेरे थे वो अब तेरे हैं
जो तेरी क़ुर्बत तेरी जुदाई
में कट गए रोज़ो-शब तेरे हैं

वो तेरा शायर तेरा मुग़न्नी[4]
वो जिसकी बातें अजीब-सी थीं
वो जिसके अंदाज़ ख़ुसरवा[5] न थे
और अदाएँ ग़रीब-सी थीं
वो जिसके जीने की ख़्वाहिशें भी
ख़ुद उसके अपने नसीब-सी थीं

न पूछ उसका कि वो दीवाना
बहुत दिनों का उजड़ चुका है
वो कोहकन[6] तो नहीं था लेकिन
कड़ी चटानों से लड़ चुका है
वो थक चुका था और उसका तेशा[7]
उसी के सीने में गड़ चुका है

---

1. समीर 2. व्यक्तिगत धरोहर 3. शोकगीत 4. गायक 5. बादशाहों जैसे 6. शीरीं का आशिक़ फ़रहाद, जिसने प्रेमिका के कहने पर पहाड़ काटकर दूध की नहर निकाली थी 7. कुदाल

गुफ़्तगू अच्छी लगी ज़ौके-नज़र अच्छा लगा
मुद्दतों के बाद कोई हमसफ़र अच्छा लगा

दिल का दुख जाना तो दिल का मसअला है पर हमें
उसका हँस देना हमारे हाल पर अच्छा लगा

हर तरह की बे-सरो-सामानियों के बावजूद
आज वो आया तो मुझको अपना घर अच्छा लगा

क्या बुरा था गर पड़ा रहता तिरी दहलीज़ पर
तू ही बतला क्या तुझे वो दर-बदर अच्छा लगा

कौन मक़तल में न पहुँचा कौन ज़ालिम था जिसे
तेग़े-कातिल से ज़्यादा अपना सर अच्छा लगा

हम भी क़ायल हैं वफ़ा-ए-उस्तवारी[1] के मगर
कोई पूछे कौन किसको उम्र भर अच्छा लगा

'मीर' की मानिंद गरचे जीस्त करता था 'फ़राज़'
हमको वो आशुफ्ता-खूँ[2] शायर मगर अच्छा लगा

---

1. मजबूती, 2. पागल, बद दिमाग आदत वाला

एक शे'र

शायद कोई ख्वाहिश रोती रहती है
मेरे अन्दर बारिश होती रहती है।

□□